# Rael

Livro I das Crônicas da Eternidade

Luciano M. S. Varricchio

2023 Anno Domini

ISBN: 978-65-00-65032-7

Sumário

1. Notas Prévias ... 2
2. G.S.D. ... 4
3. A primeira pincelada ... 5
4. A Villa Mediceia de Cafaggiolo ... 9
5. Fontana, Giovanni, Anna e Toli ... 12
6. Indo a Firenze ... 18
7. Isabel e a Ravina ... 21
8. Chegada a Firenze ... 25
9. A vista de Firenze ... 27
10. Santa Maria del Fiore e a Comitiva de Il Magnifico ... 30
11. La bodega ... 33
12. O jogo de Calcio ... 37
13. O Mercado e a Ponte ... 41
14. Bramante, Antonio e Case ... 44
15. O Soco mais famoso da Renascença ... 49
16. O princípio do fim do princípio ... 53
17. Giovanni vai a Igreja ... 56
18. Lena desaparece ... 60
19. A emboscada da emboscada ... 63
20. O Encontro ... 65
21. Detto procura Lena e a carroça ... 69
22. Na caverna ... 72
23. O velho quase cai da ribanceira ... 77
24. A primeira figura ... 79
25. Sofia ... 81
26. Candela e Moneta ... 87
27. O Condottiere ... 93

28. Sentados a mesa ........ 98
29. Rael ........ 104
30. Voltando para Cafaggiolo ........ 109
31. Firenze Finito ........ 112
32. Cleo e a viagem a Milano ........ 114
33. Capitolina 60 e o Dentucco ........ 117
34. Os sonhos ainda não vividos ........ 120
35. Epílogo Próximo: Mestre Fontana ........ 122
36. Epílogo Distante: Jack ........ 124
37. Guia de Personagens ........ 127

# 1. Notas Prévias

Não consigo imaginar nenhuma distopia ou utopia mais perfeita que a nossa própria realidade, e qualquer outra seria apenas uma alegoria de parte da vida, sem fazê-la tanto mérito quanto merece nem a representar integralmente.

Isso me propeliu a escrever uma história ficcional, mas baseada na nossa própria história.

Ainda que num mero vislumbre.

Perdoem-se se pareço prolixo em alguns momentos. Falo mais sobre história real do que deveria em um mero romance, mas é algo típico dos romances históricos. Quem nunca desejou viver em outro lugar, numa outra época?

Também cito e relembro referências, e nem sempre classifico essas referências adequadamente. Deixo acontecer por ignorância ou descuido, mas com elas, esse seria vira outro tipo de história, como no livro De Kant ao Ornitorrinco, de Umberto Eco, ressalto que particularmente prefiro os ornitorrincos (na maioria das vezes).

Mas para não o enfadar demais, optei por manter notas sobre fatos históricos importantes utilizados na narrativa. Assim posso premiar um ávido leitor, lhe dispondo a referência que ele deseja, sem que necessite pôr o livro de lado e pesquisar em outro lugar. Imagens e mais detalhes das referências estão no site das crônicas.

Ainda assim você pode encontrar referências um pouco mais detalhadas ao final do livro, além de algumas histórias e justificativas adicionais.

A história se passa entre a baixa idade média e o início do renascimento, vale lembrar que a Itália não existia como a conhecemos, e que esses rótulos típicos da idade média são exatamente isso, apenas rótulos.

Ninguém é muito diferente da gente. Até mesmo na época das cavernas adolescentes deveriam brigar com seus pais, por exemplo.

A Itália da época era apenas um apinhado fantástico de cidades-estados, sempre em disputa política, filosófica, territorial. artística e cultural, quando não em guerra.

Foi um período grandioso da história do mundo, e uma quantidade enorme de gênios das artes e ciências surgiram por lá nesta época. Foram pintores, escultures, poetas, navegadores, políticos, engenheiros, e filósofos, algumas vezes tudo isso juntos numa só pessoa. Como Leonardo Da Vinci.

Espero que este livro faça jus a memória da vida destas pessoas, inspirado tanto em suas boas ações como em seus maiores equívocos.

Que com eles você possa viver uma grande história, e ter um final feliz.

Boa leitura.

# 2. G.S.D.

1490 Anno Domini

Este livro é para poucos. E tinha tudo para não ser escrito.

Veja, eu não preciso falar nada. Por minha escolha poderia viver toda a vida em silêncio, a apreciar as maravilhas que encontramos dia após dia em nossa história.

Mas tenho algo a dizer.

E não há outro caminho que não seja registrar o que digo, para que esta mensagem chegue a quem precisa chegar.

Talvez seja você, eu não sei. Não é o que importa. Mas passou a ser importante para mim, pois desejo perceber e anotar certos pensamentos que chegam no tempo vindo de alguma eternidade, e desfolhar essas verdades para que a tua percepção seja mais clara.

Esse livro é para pouquíssimos, mas, em meu íntimo, espero que as pessoas que amo gostem dele, e vivam histórias ainda melhores. Afinal, pode não ter reparado, mas essa é uma história de amor, como toda boa história.

Benedetto

## 3. A PRIMEIRA PINCELADA

Descobrir quem você é pode ser simples, especialmente se você está prestes a morrer.

Eu sentia o suor do cavalo melando as minhas mãos enquanto tentava me equilibrar sobre ele.

O Milanês havia chegado ali com tanta velocidade que o tempo lhe faltou. Os cascos de seu cavalo socavam ao terra a cada galope, não era o cavalo a empurrar a si mesmo contra a terra, pois com tal força, era a terra que lhe empurrava.

Meu braço bom já havia instintivamente puxado a espada, e meu outro braço empunhava fortemente a lança.

O Milanês já estava sobre mim, empunhando sua espada e sua lança com ímpeto igual, e seu cavalo mostrava os dentes ao meu, rangendo e tentando a mordida certeira. Suas cabeças se misturavam e eu apenas reagia a meus instintos, lutando pela minha vida.

Observei o Milanês atentamente.

Apenas seu olhar realmente me atingiu. O olhar de ódio é muito mais profundo que o olhar de amor.[i]

Antes que ele pudesse satisfazer seu desejo monstruoso, meu cavalo girou em seus pés, e minha espada girou em meus braços.

Olhei novamente.

Tentei perceber se meu golpe havia sortido o efeito mortal. Mas antes que eu visse qualquer sangramento, vi a lança de meu inimigo subitamente aparecendo, e sua ponta afiada em direção a boca do meu estômago.

Eu morreria ali.

Tão cedo começou, tão cedo acabaria.

Mas não era o fim, era o início.

Meu cavalo surpreendeu seu equino adversário, e surpreendeu a mim também.

Eles misturaram suas 8 patas, e eu caí. Mas consegui agarrar o Milanês com a força que o cavalo me emprestava, e a surpresa que ele teve impediu seu golpe.

Ele caiu sobre mim, seguimos envoltos num torpor de sentidos típicos da turba de guerra.

Seu rosto estava perto, perto demais. Seu peso todo em meu peito. Eu conseguia sentir o bafo quente e úmido do seu hálito, e o cheiro insuportável, quase fazendo com que eu desejasse a morte pela lança, um odor de... ração de cachorro!

— Toli! Gritou Detto.

— Ao que parece você sabe interromper minhas aventuras enquanto eu durmo, e eu raramente sonho!. — Respondia o jovem enquanto a mestiça cadela era empurrada para trás.

Toli era a canina companheira inseparável de Detto.

Toli parecia se divertir por ter encontrado Detto a dormir, e ter conseguido essa lambida oportuna a fez arrancar um susto e um sorriso de Detto, ao mesmo tempo.

Detto havia tirado seu cochilo em um estábulo da Villa di Cafaggiolo.

A Villa havia sido reconstruída a algumas décadas, a mando de Cosimo di Medici, seguindo os desenhos do arquiteto Michelozzo.

Villa Cafaggiolo estava se transformando, entre muitas coisas, e um importante centro de produção de Maiólica. Peças de cerâmica vitrificada conhecidas pelo *istoriato*[ii], pintadas com histórias, que vinham em pratos, jarros, albarellos, potes e telhas, mas sobretudo pratos.

Detto cuidava de alguns dos animais da Villa. Acordar de seu cochilo o fez lembrar de voltar ao trabalho.

Cuidar dos animais não era penoso. E para ele, um jovem *orfano,* apadrinhado pelo Mestre Fontana, não tinha a reclamar, ainda que reclamar fosse uma tradição que a Toscana não soube evitar.

A área para os animais e produção da cerâmica tomava um grande espaço na Villa, e deveria ser a quarta parte de toda área construída. Cavalos, sementes, galinhas, estanho, porcos, tintas, feno e argila já desidratada também competiam pelo espaço.

Detto sabia que era mais fácil cochilar em lugares desordenados, ninguém realmente sentia a sua falta. E ele aproveitava o tempo fazendo desenhos na areia, ou usava carvão em cantos que ninguém via.

Ou era o que ele achava.

— Detto? Estás aí? A voz de Lena nunca passava realmente despercebida. Já tinha a voz de uma mulher, mas a voz de Detto era ainda de um menino, faltava-lhe postura.

Toli agitou-se e foi ao encontro de Magdalena enquanto ela entrava a procura de Detto.

Detto reconheceu a voz da amiga de infância, agora uma prima donna. Era filha de *Lorenzo il Magnifico*[iii]. Ela certamente não deveria estar ali.

— Oi Lena, foi Toli que entregou onde eu estava, não é?

— Você não deveria tentar culpar os outros pela sua preguiça habitual, jovem Benedetto! — O sorriso de Lena era sempre encantador.

— Lena, diga logo. Por que a filha de Il Magnifico está aqui comigo e com esses animais?

— Fico impressionado com sua disposição em me ajudar, Detto! - Lena domina a arte do deboche quando quer, mas Detto não parece se importar.
— Preciso sair daqui e respirar novos ares, viver as aventuras que me mostram as histórias dos livros.

— Ah, Lena. Não me peça algo que não possa dar. Uma mulher casada e da sua posição nem deveria estar aqui a sós comigo. — Detto responde dando atenção a Toli e aos cavalos, mas Lena se aproxima e se senta em um dos pequenos bancos disponíveis.

— Não seja tolo, Detto. Está parecendo um daqueles homens iludidos que acreditam dominar o mundo. Toda mulher sabe que é ela que detém as rédeas dos cavalos, quando sabe manuseá-las. Enquanto isso continuamos a deixar os homens, e os cavalos, acreditando escolherem o caminho por seu ímpeto.

— Está dizendo que todo homem é como um cavalo? Lena ri do lento comentário de Detto.

— Não, seu bobo. Já me casei, já tenho posses e empreendimentos, mas ainda não vivi a boa aventura que desejo, e não tenho sequer 20 anos. Quero conhecer os mestres da arte e da ciência que tanto me incitam em perceber este mundo com olhos de verdade.

— E o que seu marido acha disso?

— Como te falei, ele é apenas um cavalo neste caso. Não estou dizendo que não o queira bem. Mas vivo minha vida uma única vez, e não quero me perder sem ter sido por minha própria escolha.

— Acho que as aulas de Poliziano[iv], ou as histórias de Mestre Leonardo ainda te afetam mais do que o adequado. Você não deveria honrar seu marido?

— E que outra melhor forma haveria de honrá-lo que não fosse viver a minha vida plenamente? Ele, como bom marido deveria mais se importar com minha felicidade. E minha felicidade é fruto da expectativa de ter meus desejos realizados. E não zombe de mestre Leonardo, ele é o maior mestre de nosso tempo. E Poliziano salvou a vida de meu pai.

— Ahamm... Desdenhou Detto, mas se lembrando da inteligência de Lena, mais até que a de Leonardo ou Poliziano, que ele tanto admirava. Ela continuou a argumentar.

— Além do mais, ele me ama. Então acabaria por aceitar meus caprichos. Poliziano bem dizia que o amor de um homem por uma mulher é algo complicado demais para seu intelecto.

— Está me chamando de burro também? Detto olha de soslaio.

— Veja, não é questão de intelecto. É mera observação. Não foi assim com o amor por Helena de Tróia? Não foi Eva a dar a maçã a Adão?

— Então você admite que o homem ama com mais pureza que a mulher?

— Poliziano tinha mesmo razão sobre seu pouco intelecto. Riu.

— As mulheres vivem o amor naturalmente, não *precisamos* pensar no amor. Nós apenas o fazemos, intuitivamente. Essa intuição sempre será superior a alguma razão descabida dos homens. — Lena parecia divertir-se com a conversa.

— Intuitivamente toda mulher conhece a verdade, Detto. E embora possa deixá-la escapar para matar sua curiosidade com algum encanto pelo mundo, sempre a alcançamos com leveza. É ela que, sabendo agir, movimenta as rédeas dos cavalos.

— Os homens dominam o mundo, as mulheres só dominam os homens. Isso não faz sentido, Lena.

— Os cavalos devem se achar os reis do mundo galopando entre si, mas sem guias não sabem como viver. Mas isso não quer dizer que um seja mais importante que outro. — Numa corrida de cavalos, quem é o mais importante: o cavalo ou sua cavalgante? Entendeu, agora?

Detto permaneceu na dúvida, e o único pensamento que veio a sua mente é que talvez fosse mesmo um cavalo.

# 4. A Villa Mediceia de Cafaggiolo

Detto e Lena continuaram a conversa. Foi um tempo agradável para relembrar a infância que tiveram juntos.

— Apenas 5 anos, e parece que não lhe via a uma eternidade, Detto.

Tomada por uma hipócrita surpresa, lembrou-se do que veio fazer ali.

— Ah! A propósito, Mestre Fontana[v] pediu que te chamasse. Ele que me avisou que você estava aqui, então me ofereci para chamá-lo — Disse ela, já esperando alguma reação de Detto.

— E só me avisa agora? Ele é meu mentor aqui, e não posso fazê-lo esperar, você sabe!

Detto guardou a escova que usava nos cavalos enquanto conversavam, limpou as roupas com as mãos e saiu empertigado dali, dizendo:

— Posso ter sua companhia até lá? Era como se tivesse esquecido naquele instante qualquer insatisfação. A leveza de Detto era o que Lena mais guardava das conversas e da amizade entre os dois, durando bem mais que tantas outras em sua vida.

Ambos saíram dos estábulos em direção a entrada principal. A primeira construção era chamada de Manica Lunga, a Manga Longa, onde era produzida a Maiólica.

Eles sentiam os cheiros típicos da madeira queimada no forno de cura, e a chuva fazia levantar um aroma reconfortante.

— Fontana falou o que precisava, ou onde estaria? Perguntou.

— Pela hora, imagino que esteja com Donn'Anna na cozinha.

Eles percorreram a Manica Lunga, e Lena se lembrava o que sabia sobre o lugar.

Havia tempos que não visitava a Villa Cafaggiolo.

A Villa era dotada de um estilo arquitetônico ímpar. Localizada no Mugello, a região norte da Toscana, fora reconstruída a algumas décadas, a mando de Cosimo di Medici, avô de Lena, seguindo os desenhos do arquiteto Michelozzo.

Suas cores claras e telhado avermelhado refletiam a luz do sol no cair da tarde.

A construção não representa a arquitetura repleta de arcos típica da Renascença. Há 30 anos Cosimo di Medici mandou reformar seu Palazzo Medici-Riccardi, em Firenze, e acabou recebendo críticas pela obra. Por isso quando mandou reformar a Villa Cafaggiolo, optou por utilizar um design típico dos *quattrocento,* criando uma única simbiose entre o clássico e o gótico.

A fazenda estava ativa a cerca de 140 anos. A vila propriamente dita era um conjunto de edifícios anteriores agrupados de forma assimétrica, com a torre mais alta ao centro. Fortificada, contava com espaço para patrulhas e ameias sobre arcos. Os retângulos por toda parte suportavam o telhado, o mais antigo registro de Domus Rústica.

O portão de entrada da Villa seguia estilo Gótico, e um homem com seus 40 anos pairava ao lado da sua grande e sumptuosa porta dupla de cantos alisados. O gibão talvez um pouco surrado demais mostrava seu trabalho, mas a curta capa vermelha denota algum respeito por sua posição.

— Salve, Detto! Estava mesmo indo te encontrar. Mas fico mais feliz em saber que partilha essa nobre companhia. — Sorriu para Lena.

— Mestre Fontana, perdão pelo demora. Eu não... Lena o interrompeu.

— Tão agradável Mestre Nicolò Fontana, perdoe o atraso de Detto. Ele não é o mais diligente dos rapazes, mas certamente não merece nenhuma punição por me fazer companhia, não é?

— Claro, Donna Magdalena. Se Detto estava a servi-la, então servia a mim também. Mas devo pedir os préstimos deste rapaz.

—Claro, eu mesma vou atender a outros assuntos, venho pouco aqui nesses dias. Lena despediu-se e partiu sem delongas.

Fontana começou a caminhar em direção aos fundos da casa, e Detto o acompanhou.

— Donna Magdalena é jovem, mas é casada. Ela não deveria andar sozinha por aí sem suas damas de companhia, pode acabar se envolvendo em algum problema por conta disso.

Talvez fosse isso que ela procurava — pensou Detto — mas optou por ficar em silêncio.

— Jovem Detto, preciso da tua ajuda para cumprir uma importante solicitação de Sua Graça, Il Magnifico[vi].

— Il Magnifico está aqui? Detto perguntou.

— Não, mas bem sabe que Donn'Anna cuida da Villa por sua determinação. Mesmo que ele mantenha em Firenze, como agora.

Lorenzo di Medici, Il Magnifico e Signore da Villa Cafaggiolo passava a maior parte do tempo em Firenze, como esperado.

Fontana olhava para os próprios pés, sorrindo levemente quando falou:

— Ela determinou que devemos levar uma carga de Maiólica até Firenze, e adquirir com a venda das peças mais estanho e pigmentos para as pinturas. Preciso de sua ajuda na viagem, Detto.

Seus passos transforaram-se em um pequeno salto de alegria enquanto andava, típico dos jovens alegres e ansiosos.

— Obrigado, Mestre Fontana! Finalmente vou poder te acompanhar, te ajudar! Conhecerei a cidade, a catedral, o mercado, os homens das artes e das ciências. Quando partiremos?

— Calma, jovem. Já está tudo sendo preparado, apenas preciso que ajude a mim a Giovanni com as caixas hoje ainda, e pegarei provisões com Anna. Vamos partir amanhã pela manhã.

— Mestre — Detto provocou alegremente – Esse teu sorriso de alegria é por mim ou por encontrar a Donn'Anna?

— Seu atrevido de uma figa!

Detto desatou a correr na frente enquanto Fontana ria entre carrancas causadas pela implicância de Detto.

Aquele velho homem, ao ver Detto a distância, olhou para o Sol, os campos e a casa, sentiu o cheiro da madeira queimando o forno, e resmungou baixinho:

— A felicidade sempre é simples.

## 5. Fontana, Giovanni, Anna e Toli

A noite começava a aparecer. Toli corria exasperadamente de um lado para o outro enquanto Detto carregava outra caixa de Maiólica, mas então tropeçou e quase derrubou uma delas.

— Cuidado! Você tá louco?! Gritou Giovanni enquanto se aproximou para aparar a queda de Detto, ajudando mais a caixa do que o rapaz.

— É melhor quebrar um braço que uma caixa dessas, Detto! Continuou. — A Maiólica é nosso único produto realmente valioso por aqui.

Cunhada e pintada no estilo *istoriato*, ou seja, pintada com histórias, a Maiólica é um tipo de cerâmica clássica renascentista, precursora da Faiança francesa e a principal atividade artística e produtiva da Villa Cafaggiolo.

Detto apoiou-se na carroça para observar as caixas com atenção.

A carroça tinha dois eixos, e era coberta com um tecido sobre dois arcos de madeira afim de proteger a carga de intempéries. As caixas de madeira eram quadradas, com cada lado medindo um braccio, cerca de 70 centímetros.

Estavam dispostas lentamente na carruagem, e feno e tecido separavam as caixas para que não se chocassem uma com as outras durante a viagem. Cada caixa carregava o símbolo de um leão estilizado, um misto de heráldica com assinatura que representava tanto o dono da caixa, quanto o valor da carga.

O valor despertava cobiça, mas o dono despertava o medo.

Detto abriu uma das caixas abertas. Uma das que Giovanni ainda não tinha fechado, nem Mestre Fontana sinalizado, e vasculhou enquanto eles continuavam a trabalhar.

Primeiro puxou da caixa um *Albarello, o nome que aqueles potes grandes de grandes farmácias costumavam usar. Era* um pote cilíndrico de Maiólica com cerca de meio braccio, 35 centímetros, feito para demonstrar o excelente status social do *Maestro della Farmacia* que o adquirisse. Funcionalmente, guardava-se ervas especiais para a saúde dentro deles, e era fechado com uma boa tira de couro, amarrado por um cordão.

Este Albarello que Detto tirou da caixa era especial, tinha uma bela pintura. A imagem começava com o rosto de um menino de olhos grandes e curiosos, com um queixo pontudo apontando para o lado com seu corpo a mover-se em outra direção. Os diferentes tons de verde, azul e amarelo sobressaiam à vista, e ele podia perceber que a peça era valiosa.

A segunda peça que encontrou na mesma caixa era ainda mais bela. Um prato mostrava a paisagem de uma casa simples e um suntuoso castelo a beira de um rio, cercada por frondosas árvores enquanto várias mulheres trabalhavam ali. Elas colhiam algodão e feno, costuravam e conversavam.

Detto não entendia nada de arte ainda, mas sabia que tinha algo verdadeiramente belo em suas mãos.

— Ponha isso na caixa novamente. Agora. Com cuidado, *per favore.* — Ordenou Mestre Fontana.

Detto colocou as peças novamente na caixa, tomando o cuidado de espalhar feno e tecido para garantir sua segurança, sem quebrar nada.

Giovanni emendou ao mestre:

— Uma peça dessas pode valer mais de um ano do meu soldo. [vii]

— Você não sabe calcular isso, Giovanni. — Brincou Mestre Fontana.

— Sei sim. Meu soldo vale 5 liras ao mês, e 7 liras são um florim. Se essa peça vale 10 florins, então vale 70 liras. Eu ganho 60 liras por ano. — Falou Giovanni sem pensar demais a respeito.

— Impressionante! Achei que você nem soubesse ler. — Fontana continuou a galhofa.

— Eu realmente não sei ler. Mas não ache que eu sou idiota.

— Até pode ser, mas continua valendo menos que um jarro de barro colorido.

Detto caiu na gargalhada. Eles conseguiam ser tão bons no trabalho quanto em implicar um com o outro.

Toli já pouco latia, mas continuava a correr, ainda que sua animação estivesse diminuindo.

Donn'Anna se aproximava. Era ainda uma mulher formosa, na casa dos 30 anos.

Suas vestes claras, de decote quadrado e largo marcado em sua cintura, e leves tons de azul e amarelo chamaram a atenção de Fontana, que logo parou o trabalho para dar atenção a Donn'Anna.

Ela apoiou uma bandeja com água em um jarro e canecas em uma pilha de madeira ali perto, antes de chegar efetivamente a carroça. Entre as saias de Donn'Anna estava Guido[viii], o pequeno filho de Mestre Fontana.

Guido tinha cerca de 5 anos e Mestre Fontana buscava ensinar-lhe a pintar Maiólica desde muito cedo.

Ele brincava com um jogo em papel. Muitos pequenos pontinhos pretos estavam dispostos na folha. Fontana deixava uma imagem com Guido e lhe dizia para ligar os pontos até que a imagem se formasse no papel.

— Vê *Babbo*, o que acha? — Guido falou a seu pai.

Mestre Fontana elogiou o desenho, delicadamente apagou as linhas, pois papel era feito de algodão e algo caro para descartar. Ele mantinha apenas os pontos e devolvia o papel a ele. — Tente mais uma vez, *figlio*.

Fontana falava com seu filho Guido, mas seus pés e seu corpo apontavam para Donn`Anna, com quem conversava.

Anna perguntava a ele algo sobre suas viagens enquanto Detto ouvia ao alto a conversa:

— Mas então você é de Castel Durante[ix]?

— Si, Donn´Anna. Mas deixei minha terra por um tempo, a fim de acompanhar os artistas de Montelupo que estão a estabelecer-se aqui em Cafaggiolo este ano.

Fontana empunhou um castiçal de Maiólica em suas mãos e o olhou atentamente.

Era coberto de desenhos de anjos sobre as nuvens, sob uma larga base circular para reter a parafina. Era uma belíssima peça.

— Veja este castiçal, Donn´Anna. É tão belo que alegra meu coração, como se fosse maior que eu mesmo. E de pensar que, diferente das pinturas e das poesias, você possa segurar esta obra de arte enquanto ilumina seu caminho, toda noite se quiser.

E neste exato instante olhou nos olhos de Donn´Anna — Ter algo tão belo em minhas mãos todos os dias, a iluminar meu camin...

— Craaaash! Fez uma caixa ao cair causando grande estrondo e assuntando a todos envolta.

— *Nostra Signora*! Ainda bem que não quebrou nada... Ufa! — dizia Giovanni de costas ao olhar uma caixa caída com as mãos na cintura.

Detto percebeu o sorriso debochado que saia de um dos lados da boca de Giovanni, enquanto ia e vinha com as caixas cuidadosamente. Ele não conseguiu evitar seu próprio sorriso ao olhar Mestre Fontana.

Toli tinha parado de correr, estava exausta.

— Creio que devo ir, mas antes bebam um pouco de água limpa que trouxe para vocês. Disse Donn´Anna.

Os três homens agradeceram em coro, mas Giovanni completou.

— Obrigado, mas não tenho sede de água no momento, *grazie*. Disse enquanto levava a boca uma caneca de madeira, até então escondida em algum canto por lá.

— Vou aproveitar e buscar algo para a gente comer. — Falou Fontana.

Guido pulou para os braços de Fontana, que adentrou a casa pela porta dos fundos acompanhado de Donn´Anna, enquanto Giovanni e Detto terminavam o serviço.

— Fontana devia se casar com ela. Eles se merecem, e não é fácil conseguir uma mulher solteira na idade deles. — Falou Giovanni.

Detto ignorou certa aspereza no comentário.

— Você é casado, Mestre Giovanni?

— Sim, jovem. Minha amada *Donna* e meu filho Gian[x] me esperam perto da *Porta Vercellina di Milano*. Lá cuidamos de um vinhedo. — Ele levanta a caneca e dá um gole, certamente de vinho, e continua a falar.

— Mas as coisas estavam difíceis por lá quando saí. As vinhas não deram o fruto esperado, a doença das uvas me obrigou a escolher outro caminho este ano, por isso estou aqui. Precisei voltar a caça e buscar soldo escoltando os mestres pintores de Montelupo[xi] ao longo do caminho.

Faltava apenas uma caixa para acabar, e Giovanni continuou falando enquanto Detto a carregava cuidadosamente.

— É um belo vinhedo, boa terra pra cuidar. E uma família feliz.

— Você conhece Mestre Fontana de lá? — Detto perguntou parado onde estava, mesmo segurando a caixa.

— *Idem velle, idem nolle*[xii]. *Querer o mesmo, não querer o mesmo*. Fontana e eu já tivemos muitas histórias juntos, umas simples e alegres, outras nem tanto. Acho que a gente se dá bem porque sabe lidar bem com o tamanho das coisas.

Ele deu mais um gole na caneca.

— É que quando a gente aceita nosso tamanho na vida, até uma vida pequena se torna uma felicidade gigantesca.

Detto não reparou, mas talvez o vinho, talvez a saudade, fizeram os olhos de Giovanni brilharem um pouco mais.

Giovanni limpou a mente e a boca com os braços, e terminou de arrumar as caixas na carroça.

Detto aguardou ao seu lado e quando ambos acabaram todo o trabalho, Mestre Fontana retornava da casa, se sentiram um cheiro delicioso.

Ele trazia uma panela de metal fumegante, com algum mexido, e o cheiro fez Detto salivar.

*Mangiamo, signori* — Convidou Fontana.

— Que tem aí, amigo? — disse Giovanni.

— É um mexido especial, ovos fritos no azeite, com galinha, couves, cenouras e pequenos pedaços de pão claro.

Detto já estava com a boca cheia antes dele terminar a frase.

Toli apareceu tão rápido que parecia ter saído de algum buraco no chão. Sentou-se caninamente em frente a Fontana, arqueou as sobrancelhas como um pedinte, olhando ora para Fontana, ora para a comida.

— Giovanni, o cansaço da Toli passou, e com a carinha de anjo com fome que ela tá fazendo, não vai sobrar nada pra você.

Eles terminaram de comer, Giovanni despediu-se e foi para a área comunal onde os soldados dormiam.

Mestre Fontana tinha seu próprio dormitório, mas não foi direto para lá. Acompanhou Detto enquanto caminhavam em direção a pequena choupana onde Detto passava a maior parte das noites.

— Detto, trouxe-lhe um presente.

— Mestre... Nem mesmo sei o que é, mas sei que não mereço.

— Jovem, é por isso que merece ainda mais. Sei que está ansioso pela viagem de amanhã. Poderá aprender, talvez até fazer arte e histórias, dessas que nos inspiram na Maiólica, sabe? *Istoriato* e tal.

— Certo, Mestre.

— Então já que concorda, também vai concordar de que precisa de um bom caderno. Seu presente.

Era aniversário de Detto e ele fazia 17 anos.

Ele retirou de dentro do gibão um caderno de capa de couro curtido, com cerca de 50 folhas de papel de linho e algodão. Era um belo caderno.

Detto ficou deslumbrado com a chance de escrever e desenhar em papel, não nas paredes escondidas da villa.

Ele sempre tentava rabiscar nas coisas ao longo do dia, mas não esperava ter a chance de desenvolver qualquer habilidade real a ponto de merecer este presente.

— Posso escrever, desenhar, fazer prosa, poesia e projetos aqui, anotar todo tipo de notas e rascunhos. Também pode ser um diário onde eu possa criar listas com tarefas que o senhor me pedir, mestre!

Fontana olhava placidamente a felicidade do rapaz.

— Parecem boas ideias, dignas de grandes homens, Detto. Mas também parece que será uma grande mistura de ideias, podem até ficar confusas para acompanhar. Cadernos como esse ganham o nome de *Zibaldone.*[xiii].

Essa palavra também significa um tipo de mistura como essa, que comemos. Acho que deve vir daí esse apelido para cadernos bagunçados.

Detto estava de olhos fixos no caderno, folheando as páginas em branco e imaginando o que seria da sua vida quando estivesses preenchidas. Era o seu zibaldone.

Saiba você, que lê este livro, que seu zibaldone foi mesmo uma tremenda bagunça, mas foram eles que me permitiram poder contar essa história a você. E essa foi apenas uma das menores, entre coisas fantásticas que esse amontoado de notas conseguiu.

## 6. Indo a Firenze

Detto foi o primeiro a chegar. O sol mal tinha se levantado, deixando a manhã ainda fria e silenciosa, mas agradável para caminhar. Toli o acompanhava leal e silenciosamente, enquanto cheirava tudo que encontrava pelo caminho.

Ele carregava um saco de pano, lá dentro seu zibaldone e alguns pedaços de carvão para escrever, uma capa com capuz para se proteger do frio, sua faca e alguns pedaços de pão preto adormecido para a viagem.

Sentou-se à beira da carroça e mastigou um pouco do pão, o repartindo com Toli. Abriu o zibaldone e começou a rascunhar.

Olhou atentamente para a construção da Villa Cafaggiolo, e foi um pouco além. Atentou-se a luz matinal e em como banhava a construção de uma forma diferente das luzes de tochas e lampiões da noite anterior.

As árvores da Villa lentamente se moviam com o vento, e os animais começavam a acordar. Registrou tudo em sua mente o melhor que podia, e começou a rascunhar.

Pegou um pedaço afiado de carvão, abriu seu caderno e lentamente traçou as retas e planos da paisagem. Olhava com atenção cada detalhe, imprimia-o na mente, e então passava ao papel.

— Toli, veja isso. O exercício é gostoso, mas o desenho ficou horrível!

— Tenho que concordar sobre o desenho. Entre um cego e você desenhando, apostaria no cego. — Disse Giovanni, que havia chegado sem que Detto, distraído, tivesse notado.

— Ahh! Mas esse é o primeiro de muitos! Desistir não é da minha natureza. — Devolveu Detto já na brincadeira.

Giovanni olhou Detto de cima a baixo àquele pobre garoto, fez uma pausa e respondeu:

— Nota-se.

— Pare de implicar com o rapaz, Giovanni. Ele ainda é só um garoto — Fontana falou, tendo ouvido ao menos parte da conversa, enquanto Toli corria a sua volta em um lupino ritual de bom-dia.

— Isso não faz ser errado em dizê-lo, e você sabe disso. — Retrucou Giovanni.

Existia algum passado ali que fugia ao entendimento de Detto.

— Tens razão. Detto, às vezes precisamos desistir de algo, para que possamos abrir espaço para coisas maiores. Desistir não é o mesmo que fracassar. Talvez numa luta até seja, mas a vida raramente é uma única luta.

— Então eu deveria desistir de desenhar? Meu rascunho não está tão feio assim. — Detto se voltou ao desenho mais uma vez.

— Eu acho. Exclamou Giovanni, já dando um gole matinal na caneca de madeira.

Fontana não conseguiu segurar a rizada — Claro que não, *figlio*, claro que não... Só não achei as palavras, mas agora é hora de começar viagem.

E como mágica, o semblante de Detto passou da desconfiança a Giovanni para a alegria da companhia deles.

— Mestre Fontana, por que Lena não veio nos encontrar e despedir-se da gente? Ela sempre vinha se despedir de todos.

— É verdade, ela sempre foi atenciosa nas viagens. Donn'Anna já falou comigo, mas Lena sempre nos acompanhava até os portões.

Giovanni mais uma vez se meteu na conversa

— Ela cresceu, rapaz. Não tem mais idade para amiguinhos de infância.

Detto e Fontana amarravam os cavalos enquanto Giovanni verificava a carga.

— Não ligue para o que ele diz, Detto. Giovanni às vezes bebe demais, para curar suas dores. Não sei o que houve com Lena, mas sobre seus desenhos, você pode e deve rascunhar tudo aquilo que lhe inspira.

— Meu desenho realmente estava feio, não é?

— Nenhum grande artista se orgulha da sua primeira obra. Mas todos eles a guardam.

— Não entendo. Eu estava inspirado, sabe. A Villa é tudo que me lembro de conhecer, gostaria de ter feito um rascunho mais promissor, que fizesse jus a Villa.

— Não te preocupes, pode não estar gravado no papel, mas está gravado em algum outro lugar. Falou Fontana apontando para o peito do rapaz, e gritou — Giovanni, tudo certo aí atras?

Giovanni já estava ao lado deles, com uma das mãos na cintura e outra segurando a caneca. — Tudo certo.

Os três subiram no banco a frente da carroça. Fontana segurava as redes ao meio. Toli os seguia a pé ao lado da carroça, que começava seu caminho lentamente.

Detto olhou para trás com atenção. Olhou para a Villa Cafaggiolo se distanciando lentamente. Seu domus rustica avermelhado apilhando-se em retângulos, seus arcos e ameias cor de baunilha, e a longa reta que marcava a Manica Lunga, de onde sairia fumos, cheiros, cores e formas da Maiólica que em nada perdiam ao simples esplendor da Villa Cafaggiolo.

Ele guardou a imagem pra si, para quando fosse um pintor melhor. Detto só não sabia que nunca mais veria a Villa Cafaggiolo.

## 7. Isabel e a Ravina

Já haviam se afastado da Villa Cafaggiolo a algum tempo. A viagem a Firenze durava ainda algumas horas na velocidade que estavam. Detto estava ficando com fome novamente, Toli também.

— Mestre Fontana, pegaremos o caminho da colina, certo? Assim chegaremos bem a tempo do *pranzo*, o almoço. Se ao menos eu tivesse um arco, caçava alguma coisa pra comer.

— Claro que não, jovem. O caminho pela colina é muito íngreme para a carroça, e nem sei como você conhece essa passagem. — Disse Fontana.

Seu estômago roncou alto ao ouvir a resposta do mestre, enquanto recebia um olhar desconfiado de Giovanni.

— Sem contar que arcos são para covardes. Giovanni puxou a manga da camisa e mostrou duas cicatrizes de batalha. — Tá vendo isso aqui, ganhei essas segurando uma flecha com o braço.

Detto se impressionou, mas estava mesmo com fome. Comeu outro pedação do pão.

Até Toli pareceu se chatear um pouco, aparentando cansaço enquanto andava ao lado da carroça.

— Mas mestre! Estou morto de fome, e descer a ravina é bem mais rápido. Eu a conheço das vezes que fui lá rezar com Donn' Anna... Por favor!

— Rá! Fazendo birra assim até me lembra meu filho Gian, que saudade daquele garoto. Só que ele tem metade da sua idade. Implicou Giovanni, como esperado. O pequeno Guido é assim também, Fontana?

— Jovem, tem calma. Respondeu Fontana a Detto, ignorando o comentário sobre seu filho Guido. — Faremos o caminho mais seguro, menos íngreme. E você não estava autorizado a ir até o alto da colina, devia ter me avisado.

— Além do mais a chance de encontrarmos alguém mal-intencionado por aqui é menor. — Completou Giovanni.

Eles seguiram viagem pelo caminho mais seguro por um par de horas.

Detto matou a fome com algum dos pães, até que avistaram o cruzamento dos caminhos. Eles vinham pelo curso mais seguro, e mais a frente, por um lado, o caminho íngreme encontrava o restante da estrada, que levava até Firenze.

Quando chegaram ao entroncamento dos três caminhos, Toli estava cansada de andar, e reparou que poderia saltar na parte de trás da carroça. Era o que a descendente dos lobos iria fazer.

Toli parou de caminhar. A carroça se preparou para fazer a curva, reduzindo ainda mais a lenta velocidade.

Ela preparou-se para o salto e pronto!

Conseguiu pular para dentro da parte de trás da carroça, onde estava a carga.

Nesta hora fez-se um grande barulho, mas estava além do som de alguma caixa caindo. Alguém gritou de susto.

— Aaaaahhhhhh!! Saia daqui sua vira-latas abusada! — Gritou Lena.

A carroça parou. Três homens pararam, a cadela parou. O vento pareceu ter parado um pouco. O sol não parou de brilhar.

— Não se preocupem, signori. A Maiólica está intacta. — Disse Lena enquanto pulava da traseira da carroça, e tirava a palha agarrada em suas estranhas roupas com alguns tapas.

— O que faz aqui, Lena? — Bravejou Fontana esquecendo qualquer pronome de tratamento.

Detto e Giovanni olhavam estupefatos.

Lena não respondeu de imediato. Com toda calma do mundo acabou de tirar a palha das roupas, fazendo uma longa pausa até responder Mestre Fontana.

— Sinto dizer-lhes que vou ter de acompanhar a viagem. Desejo conhecer Firenze em segredo, sem que damas me acompanhem e maridos se frustrem com minha liberdade provisória.

Giovanni já tinha descido da carroça, e procurava sua caneca enquanto dizia:

— Eu não me importo nem um pouco com suas damas e sua liberdade, mas se algo lhe acontecer é a nossa cabeça que vai para uma estaca.

— Eu me importo muito com minha cabeça. Emendou Detto, que já passava a gostar da forma com que Giovanni falava.

— Eu me importo com as nossas cabeças. Frisou o *nossa*. Declarou olhando para os rapazes. Mestre Fontana sempre ensinava alguma coisa com seu jeito de viver, mesmo que a gente nunca aprendesse muito bem.

Lena olhou para eles arqueando uma das sobrancelhas, com a mão na cintura segurava seu vestido.

— Signori, por isso mesmo estava escondida. Mas não sou tola, como eu poderia passar despercebida na cidade, mesmo que chegasse lá sem vosso conhecimento?

Todos aguardaram em um ansioso silêncio.

— Me passarei por um homem, conhecerei a cidade como quero conhecê-la, e voltarei para a Cafaggiolo sem que ninguém tenha dado minha falta. Não seria a primeira vez que faço algo parecido, e não suporto mais essa indiferença da corte e de meu marido, nem os impetuosos convidados.

— Mas Donna Magdalena, sabe que o risco para nós, que sabemos que está aqui, seria pagar com nossas vidas por atentar a filha de Il Magnifico, esposa de Franceschetto Cybo, cunhada do próprio Papa Inocêncio VIII.

— Meu marido está novamente agarrado no vicio do jogo, e não se lembrará de mim. Meu pai está com ele em Firenze e sequer notarão minha ausência, e meu cunhado está velho, doente, e ainda caçando bruxas.

— Ainda assim Donna, você não parece um ragazzo olhando daqui. — Respondeu Giovanni ainda de cima da frente da carroça, já tendo encontrado a caneca de madeira.

— Mas veja. — Lena estava de cabelos presos e longo vestido, como habitual. Ela então puxou seu vestido com força, rasgando costuras, vestiu uma boina de feltro sobre seus cabelos presos. Usava uma calça de couro por baixo, e suas botas eram um pouco maiores do que seus pés.

— É, parece que isso resolve o problema. Por mim tudo bem. Disse Giovanni já retornando à carroça.

Fontana não estava convencido. Lena teria de voltar.

Eles começaram a conversar, mas Toli latia e foi ver o que era.

Toli havia encontrado um lagarto, que chamava a atenção. O lagarto parecia olhar para ele e Toli de maneira diferente, quase humana. Mais que isso, era como se o lagarto fosse sábio. Detto não deixou Toli caçar a criatura, e ela saiu dali.

Quando se voltou para a carroça, Detto não conseguira ouvir toda a conversa. Estava segurando Toli, Giovanni já havia subido e tomava outro gole. Mestre Fontana gesticulava bastante com Lena, mas de forma afetuosa. Ela por sua vez nem tanto.

Ele ouviu Lena falando algo como — se minha mãe estivesse aqui você permitiria...

Fontana parecia ter se dado por vencido.

Lena olhou diretamente para Detto, Fontana curvou os ombros e virou-se para a frente da carroça. Exatamente naquele instante, num lapso de segundo, olhou nos olhos de Detto e deu o sorriso que Detto mais amava. O que ela tinha feito?

Detto permaneceu na dúvida, e o único pensamento que veio a sua mente é que talvez fosse mesmo um cavalo.

## 8. Chegada a Firenze

Detto não se conteve e pulou da carroça. Toli imediatamente o seguiu, levando Lena logo atras. Ele se ateve a um Sicômoro especialmente antigo que havia ali, onde um balanço em corda estava pendurado.

Ele queria ver a cidade, com seus altos muros, torres, domos e telhados. Estava ansioso por conhecer as construções e o mercado. Já ouvira falar de Firenze tantas vezes, e nenhuma delas pode acompanhar seu mestre.

— Não vejo por que tanta animação, jovem. É apenas uma cidade. — Impetrou o mal humor de Giovanni.

— É uma cidade que sempre ouvi falar, mas nunca vi antes. Respondeu Detto.

— Entendi, o primeiro gole de vinho é aquele me traz mais alegria. A primeira vez que pude agarrar uma daquelas ragazze despudorad...

— Menos Giovanni, o garoto está apenas começando sua viagem, e temos uma dama conosco.

Detto e Lena foram mais a frente, e quando estavam longe Giovanni perguntou a Fontana:

— Mas porque nunca levou o garoto com você? Na idade dele eu já chamava pelo nome todo dono de cada bodega da Toscana.

— Quando o garoto me foi confiado, uma promessa foi feita a um amigo. Sobre isso nada mais eu lhe digo.

— Ih, rimou. Falou Giovanni enquanto Fontana já gritava aos jovens para esperarem.

Detto já corria bem à frente da carroça, e sua visão começava a reconhecer as formas das pessoas, animais e cargas que também se aproximavam do portão de Firenze.

Detto e Lena pararam.

— Você nunca viu nenhuma outra comuna além de Cafaggiolo, jovem? — perguntou Lena enquanto brincava com Toli.

— Não. Mestre Fontana nunca me deixou vir, mesmo que outros viessem. E você?

— Eu vivi aqui na Toscana, mas também em Ligúria, conheci Gênova e principalmente Roma. Conhecer o mundo me enche de ímpeto e vontade, é saboroso, sabe?. Fico impressionada de você ter aguentado tanto tempo na mesma villa.

— Mestre Fontana sempre foi generoso comigo, e não quis desobedecê-lo.

— Eu vivi toda minha infância em Firenze, mas enquanto estava aqui devo admitir que preferia Cafaggiolo. Podia brincar com as outras crianças, como você e eu, e minha amada mãe sempre ficava mais feliz quando estávamos por lá. Então não posso te culpar, afinal eu fazia o mesmo.

— Mas porque fugiu dessa vez? — Detto ficou curioso.

— Porque não é mais a mesma coisa. A gente cresce, os gostos mudam. Antes tinha a alegria de minha mãe, as aulas de Poliziano, mas minha saúde enfraqueceu depois de Pazzi[xiv].

E continuou.

— Hoje tenho a companhia de um marido com o vício do jogo, Franceschetto é um idiota. Um corrupto e ganancioso que arruma problemas e nos envergonha aonde vai. Não me importa que ele seja governador de Roma, você não aposta 14 000 ducados em uma noite, perde, é jogado na lama e continua a viver sem refletir sobre isso. Isso que dá um casamento arranjado por meu pai. E EU AINDA TENHO 17 ANOS, CAZZO.

Lena parecia ter perdido algo importante, e sua revolta era a maneira de demonstrar que não apenas tinha perdido algo importante, mas estava perdendo a esperança de encontrar o que procurava. Era como se tivesse escondido um tesouro, mas tivesse esquecido onde o enterrara.

— Calma, Lena. Estamos chegando na cidade, e ninguém pode te ouvir.

Fontana e Giovanni chegaram.

— Veja, estava a pensar. — Giovanni disse, mas Fontana o interrompeu.

— Taí. Isso é algo que não se vê todo dia.

— Fontana, o silêncio em tua boca é a melhor poesia da história. E continuou dizendo a Lena. — Melhor engrossar essa voz, ou evitar falar totalmente, e dizer como podemos chamá-lo, ragazzo.

— Ah, é verdade. Me chamem de Rômulo.

## 9. A VISTA DE FIRENZE

De onde estava, Detto já podia observar a cidade, e o fez.

Firenze era a cidade das flores, a mais harmoniosa da sua época, justamente no ápice da sua história de renascer.

Cortada pelo largo Rio Arno, milhares de construções se avizinhavam naquela lendária cidade de tantos mitos reais e imaginados.

Detto pode ver a murada e as carroças a entrar, outras a parar, entre milhares de construções. Aquela que mais se destacava daquela distância era a Catedral de Santa Maria del Fiore, por sua cúpula, o famoso Duomo di Firenze.

O Domo era o maior em todo o mundo naquele momento, e quase impedia Detto de observar todas as demais maravilhas que estavam ali. Ele não se conteve apenas em observar.

Lena e Toli o observavam enquanto abriu seu zibaldone e rascunhou algumas poucas linhas, algumas figuras geométricas e algum sombreado composto de linhas entrelaçadas.

Sua mão agitava o carvão com mais velocidade que o recomendado, mas ele não queria que Giovanni reparasse a tentativa de desenho.

Distraiu-se, e quando reparou, a carroça já havia passado por ele, e Fontana o chamava mais à frente. Ninguém pareceu dar importância ao rascunho a carvão, e ele preferiu assim ao ver o resultado. Mas por um instante, achou que estava mais habilidoso que antes.

— Finalmente vai ter a chance de conhecer as obras de Donatello, Brunelleschi, Michelozzo, Ghirlandaio, e tantos outros. Comentou lena ainda ao seu lado.

— Finalmente. — Respondeu Detto.

— Ou ainda finalmente ler as obras clássicas em grego e latim, de homens como Platão e Aristóteles, Sêneca e Marco Aurélio, e tantos outros que tiveram vidas fantásticas na antiguidade.

Continuou.

— Quem me deu esse desejo foi você, falando das aulas que tinha com Poliziano. Claro que isso só é possível com a graça de seu pai, il Magnifico. Quer goste, quer não.

— Lembra quando você queria brincar de correr e eu só cedia se você acertasse as minhas perguntas primeiro? — lembrou Lena, com um nostálgico sorriso e ignorando o comentário sobre Lorenzo di Medici, pai de Lena.

— Lembro, e eu nunca acertava. Acho que você só gostava de me corrigir mesmo. — Detto riu da memória antiga, com compreensão recente.

— Mas a gente acabava brincando assim mesmo. — Lena completou.

— Sim, é verdade. Eu era mais legal quando criança, eu acho. Hoje em dia não tenho mais essa paciência para ficar corrigindo todo homem que aparece no meu caminho, eles nunca aprendem nada.

— Até parece, se fosse verdade não estaríamos aqui nessa brincadeira perigosa.

Lena não pode fazer nada além de abrir um sorriso. A Carroça com Fontana e Giovanni já tinha passado por eles enquanto Detto desenhava, e agora a distância era ainda maior.

— Vamos para a cidade, há muito a lhe mostrar. Disse Lena.

Seguiram ao encontro de seus convivas. Fontana e Giovanni já iam mais a frente, e estavam conversando com alguém.

Ao se aproximarem viram um homem alto e magro, vestido de roupas e um gorro de lã. Eram coloridas, mas já gastas e malcuidadas. Ele conversava com Fontana e Giovanni.

— Pois é, Livio. Precisamos encontrar quem venda estes pigmentos, e vamos ao Mercado. — Ahhh, esse é Detto, o rapaz que lhe falei. Dizia Fontana a Livio.

Toli olhou para ele, rosnando entre dentes, mas foi coagida por Giovanni. Livio se apresentou ao jovem.

— Piacere, Detto. Eu sou Signore Livio. Mestre Fontana pediu que eu o acompanhasse, e lhe mostre a cidade. Vamos todos para o Mercado e poderá me perguntar qualquer coisa sobre Firenze no caminho, e eu lhe responderei.

— Ahhh, que ótimo. E apresentou os demais a Livio. — Este é Rômulo. E está aqui é Toli, minha amiga canina.

Vendo a reação de Livio, que recuou de Toli, disse — Não te preocupes, ela não morde. Vai acabar se habituando a você, e ela sabe se virar bem em qualquer lugar que vá.

Detto agradeceu a presença do guia para Detto, como outra gentileza de Mestre Fontana.

— Mestre, obrigado por todos esses presentes. Mal vejo a hora de conhecer cada canto daqui.

— Eu que agradeço a generosidade de Mestre Fontana em permitir que eu o acompanhe. Certamente toda a visita será mais proveitosa.

Livio era um sôfrego poeta, que fazia serviços como guia, especialmente a viajantes mais deslumbrados e incautos, mas conhecia Fontana a algum tempo.

Todos foram caminhando em direção a muralha e os portões da cidade, mas Giovanni segurou Detto pelo braço e falou sem que ninguém visse, quanto todos já tinham começado a caminhada.

— Olha garoto, não sei quem é esse cara. Mas cachorros encontram fissuras de caráter com mais facilidade que muitos homens, mantenha os olhos abertos e não revele nada sobre nossa carga. Aqueles vasos e pratas valem alguns milhares de florins, se precisa saber.

Detto permaneceu em silêncio e se reuniu com o grupo.

Todos que por ali passavam puderam ouvir de longe a alegria do grupo quando Fontana avisou que iriam jantar em uma bodega antes que chegassem ao mercado.

# 10. Santa Maria del Fiore e a Comitiva de Il Magnifico

O sol já tinha cruzado seu zênite quando chegaram na Piazza del Duomo. Estavam à frente da pequena bodega. Era uma construção aconchegante, de janelas bem pintadas e abertas, onde manjericos eram postos na janela.

Mas Detto só tinha olhos para a enorme construção ao lado da bodega, a Catedral de Santa Maria de Fiore.

— Impressionante, não é? Esta já é a maior igreja do mundo, e sequer está totalmente acabada.

Lívio continuou a explicação, como um guia experiente faria, independente do silêncio de Detto.

— Ela foi iniciada a cerca de 200 anos, em meados de 1290's. Na época derrubaram nossa antiga igreja dedicada a Santa Reparata, quando o famoso tabelião Mino de Cantoribus começou a financiar sua construção.
— Ele e todos os mortos de Florença, visto que todo testamento deixava alguma contribuição para construção da igreja que deveria provar que *a indústria e o poder do homem não pudessem inventar ou mesmo tentar nada maior ou mais belo.*

— Acho que conseguiu. — Disse Lena usando sua voz de Rômulo.

Livio continuou a treinada apresentação: — A obra da Catedral durou 140 anos para chegar ao estado atual, até 1430's. Nessa época o famoso arquiteto Filippo Brunelleschi venceu um concurso para a escolha do Domo da Catedral. [xv]

— Luca Paccioli, um grande amigo que gosta de números, me disse que se cada cidadão fiorentino tivesse de juntar tijolos para a construção da cúpula, então cada um dos mais de cinquenta mil fiorentinos teriam de juntar 80 tijolos, incluindo idosos, mulheres e crianças.

— Então seriam quatro milhões de tijolos— Lançou "Rômulo".

— Mas a obra ainda

— Boa, garoto. Mas ainda falta muita coisa para essa obra acabar. O projeto de 1296, do arquiteto Arnolfo de Cambio, prevê reunir mármore vermelho de Siena, verde da cidade de Prato e Branco da cidade de Carrara para o revestimento. Mas nesse ritmo acho que ainda vão demorar uns 400 anos para acabarem a obra.

— Matematicamente sua estimativa me parece incontestável. — Respondeu "Rômulo".

Detto ainda olhava embasbacado com a dimensão e beleza que um grupo de pessoas dedicadas poderia criar. Perguntou:

— É gigantesca. Quantas pessoas cabem lá dentro?

— Ela foi abençoada pelo Papa Eugénio IV no Capodanno fiorentino, nosso ano novo.[xvi] Neste dia, cerca de 30.000 pessoas estavam aqui, todas lá dentro.

— 30.000 pessoas! Que Deus nos abençoe para guardar o nome de todos. — Brincou Detto. Ele queria entrar e não sentia a menor fome face a ansiedade em conhecer aquele monumental edifico, mas o cheiro vindo da bodega acabou com sua ansiedade imediatamente.

— Vamos comer? Perguntou Livio, recebendo imediatamente acenos positivos de cabeça.

Nesta hora uma grande comitiva se aproximava. O grupo era grande o suficiente para que fossem compelidos a observar, ignorando a fome.

— Você sabe o que é aquele grupo, "Rômulo"?

Lena havia sumida das vistas, mas Livio ouviu a pergunta e a respondeu.

— Lá vem a comitiva de Lorenzo Il Magnifico, estão indo visitar a Catedral, certamente. Eles sempre causam um alvoroço.

Detto caminhou pelos cantos da via para se aproximar, enquanto a maioria das pessoas ficavam prostradas, esperando para ver a comitiva passar ali. Não que fosse realmente um evento, mas qualquer cidadão que não estivesse habituado a vê-los certamente ficava curioso. Passava ali um dos mais influentes homens do mundo e seus convivas.

Iam a frente soldados, normalmente mercenários contratados, mas que tinham a confiança de sua guarda pessoal, e talvez fossem fazer parte dela um dia, depois dos soldados estava a verdadeira comitiva.

Vinham músicos, vários com longos clarins, aguardando a chegada ao destino para a conhecida clarinada que anunciava os convidados.

Os muitos homens, mulheres e animais passavam todos ricamente trajados, vestiam roupas coloridas e alguns seguravam estandartes.

O estandarte de Firenze era a bandeira branca com o lírio pintado a vermelho. Mas vários seguravam o estandarte da família de Lorenzo, a família Medici.

Sua própria heráldica, a bandeira que carregava um leão estilizado que Detto já conhecia. Com muitos detalhes, o desenho era a versão real do símbolo que adornava as caixas de Maiólica que trouxeram de Cafaggiolo.

Servos, cavalos, freis, padres e monges, além da horda de homens das artes mecânicas e liberais, haviam cidadãos de ciências, religiosos, todos tinham Lorenzo di Medici, Il Magnifico, como seu mecenas, e era ele o responsável por manter todos ali, ficavam de fora mais um tanto que apenas desejavam uma boa oportunidade para também ter Lorenzo como patrono e se unir a corte.

Os servos andavam com tudo que fosse necessário para o bem-estar do Duque. Levavam água, vinho, cerveja, todos puros e de boa qualidade. Pão branco em grandes quantidades em cestos de vime, certamente carnes embutidas e talvez alguns doces açucarados, além de todo tipo de objetos que o duque pudesse requisitar.

Sua guarda pessoal seguia no meio de toda a turba, e no centro estava ele, Lorenzo Il Magnifico.

Montado num gigantesco cavalo malhado, seu manto púrpuro deixava claro a riqueza que possuía. Não era apenas o seu manto, mas o manto que protegia seu cavalo, com cortinas e proteções que pouco protegiam, mas deixavam claro o prestigio de quem as usava. Em especial Detto reparou nos detalhes da sela.

A sela do cavalo era feita de placas de ossos. E nas placas estavam esculpidas imagens de santos e heróis que Detto não reconhecia, mas era tão bela que roubou sua atenção por um longo instante.

Ele já estava em idade avançada, mas naquele dia sua riqueza e opulência não demonstravam seu estado de saúde, antes mostravam toda a quantidade de cores, alegrias, alimentos, desejos atendidos e riquezas que poderia se esperar do Duque di Firenze.

Detto ficou deslumbrado com tudo que ele tinha, trajava, oferecia a comitiva e poderia desejar dela, mesmo numa caminhada a Catedral.

— Ele parece o dono do mundo inteiro.

Detto permitiu seus pensamentos escaparem entre sua boca, e era bem verdade que aquele homem parecia mesmo o dono da cidade mais bela de todas as cidades da sua época.

Sua riqueza lhe servia para colocar ao seu lado tudo que havia de belo em sua época, e nenhum artista, seja poeta ou engenheiro que ali estava teria produzido uma só obra sem a patronagem de Lorenzo.

— O que eu preciso fazer para ser rico como Lorenzo?

# 11. La bodega

— Gostou da vista da Catedral, meu jovem? — Perguntou Fontana com aquela expressão de quem já sabe a resposta, enquanto se sentavam em uma longa mesa de madeira na Bodega.

Estavam sentados Fontana, Giovanni, Livio, Detto e Rômulo, que reapareceu tão logo a comitiva saiu de vista. Toli estava ali também, a caçar um dos ratos, ou um dos gatos que corriam aos ratos, algo assim.

A intromissão dos cheiros e ruídos do ambiente distraiam Detto. Ele olhava ao redor, tentando tirar a confusão da cabeça para responder a pergunta de Fontana.

A bodega era o típico local para viajantes em Firenze. Um longo balcão de madeira separava as bebidas dos clientes mais contumazes, e a fogueira sempre acessa contava com algumas panelas sobre uma grelha aos fundos do único cômodo daquele piso. A chaminé contava com vários cortes de carne pendurados, defumando lentamente, certamente saborosos, mais serviam mais ao anseio de estar sendo defumado adequadamente que qualquer fome de alguém que os vê.

Nos andares de cima estavam vários quartos, de diferentes gostos, para que os viajantes pudessem dormir. E algumas crianças se ocupavam em guardar e escovar os cavalos de quem chegasse, na esperança de ganhar uma lira, ou um doce talvez, de qualquer generoso peregrino.

Próximo ao balcão estava um velho e gordo que atendia por Noccio, um apelido que ganhou e que já se habituara. O tempo foi reduzindo Noccioline (nozes) a Noccio. Era ele o responsável pelo lugar.

Não era difícil perceber a história de seu apelido. Dois grandes jarros de vidro estavam no balcão, um cheio de nozes com casca, o outro com as nozes descascadas. Detto tinha pegado um bom punhado delas já descascadas, oferecidas pelo próprio Noccio quando entrara. De vez em quando o homem pegava duas das nozes com casca, e a quebrava usando apenas as mãos, e as comia.

Já era meio da tarde, e o jantar já havia passado. Não era habitual a população comer fora, mas ambientes como esse ficavam abertos pela bebida e pelas conversas capazes de fornecer.

Entre as várias mesas de madeira espalhadas pelo salão, ainda estavam diversos comerciantes, de várias cores e rostos tão variados que tornava difícil dizer quão únicos cada um deles era.

Detto finalmente respondeu, ainda observando o lugar.

— Claro, mestre! É impressionante. Nada que eu possa ter imaginado se compara a essa cidade, acabei de ver a catedral Santa Maria del Fiore, nesta piazza del Duomo, e que Duomo!

— Tenho que reconhecer que ele é impressionante mesmo. Falou Livio.

Numa cadeira ali perto estava um homem esparramado. Seu cotovelo arqueava sobre a mesa segurando uma baixa e larga caneca de cerveja enquanto apontava para o alto, bravejando a Detto e companhia:

— Pois eu acho que vai cair no próximo inverno, dois no máximo! Aquilo não foi feito para aguentar muito tempo!

Noccio apoiava a barriga no balcão, respondendo de pronto — Já faz uns 10 anos que te ouço falar isso, Furbo.

— Rá! Esse é dos meus. — Respondeu Giovanni, e continuou — Se bem me lembro eu passei por aqui faz uns 10 anos, e você aí falava a mesma coisa.

— Você não sabe o que diz. Brunelleschi[xvii] era uma cria do demônio, e fez aquela cúpula para cair na cabeça de todos nós, cristãos. Ele sequer era um verdadeiro arquiteto, mas um ourives e fazedor de relógios.

— Isso lá pode ser verdade. Mas como foi que construíram o domo, afinal? Perguntou Detto com a boca cheia de nozes.

Furbo logo respondeu.

— Se ele ainda está de pé foi porque a minha família que cuidou dessa parte. Foram dezesseis anos para levantar o negócio. E não ouve parte fácil, não.

Ele deu um trago na cerveja e continuou, mais ameno no linguajar e na postura.

— Brunelleschi não sabia direito o que estava fazendo. O domo é apoiado em um base de oito lados, e ela sequer é regular. Os lados têm comprimentos diferentes um do outro, sabe, e ele nunca acertaria qualquer cálculo. Mas ai meu falecido tio-avô lhe deu a ideia de amarrar cordas com o exato comprimento necessário para encontrarem lá em cima, subindo cada um por um dos lados, e as cordas ainda serviram de guia durante a construção.

Detto reparou um brilho a mais nos olhos do homem enquanto ele contava a história. Mas não sabia se era causado pela memória, a cerveja ou a falta de vergonha da mentira que podia estar contando ali.

— Então lá fomos nós, pedra a pedra, tijolo a tijolo naquela altura, era mais de 100 braccio, montando exatamente as linhas travadas entre tijolos, usando as cordas como guia. Depois de 16 anos chegamos lá em cima, e o teto casava perfeitamente com a torra da cúpula. — As pessoas lembram do maldito Brunelleschi, mas ninguém mais se lembra da minha família. Terminou Furbo.

— Você fala como se tivesse lá, Furbo. Mas nem nascido você deveria ser. O Duomo é de 1436, já lá vão mais de 50 anos. — Noccio comentou.

— Isso não importa, não é porque um fazedor de relógios ganha um concurso e sabe lá fazer um desenho ou dois, ou algumas estátuas, que as pessoas deveriam se lembrar apenas deles. Foi o sangue e o suor dos meus que colocaram cada um dos tijolos.

— Você deveria se inspirar neles então e conseguir um trabalho mais adequado, e não um que te permita ficar bebendo tanto ao meio da tarde. — Falou Giovanni com a passividade de um cão que não ladra, mas morde.

— Mas por que vocês acham que eles construíram algo tão grandioso? — Perguntou Detto.

— Eu acho que foi pra honrar o nome deles. — Respondeu Furbo.

— Eu não faço ideia, fama talvez? — Disse Noccio, e Giovanni completou acidamente. — É porque não tinham nada realmente mais importante pra fazer, com certeza.

— Talvez só desejassem honrar a Deus. Afinal, é uma igreja. — Mestre Fontana comentou.

Lena, que até então tinha ficado em silêncio, engrossou um pouco a voz de "Rômulo" e respondeu:

— Certa vez um mestre das artes comentou com um amigo: uma vez que você prova o gosto do céu, você olha pra cima eternamente. *Eu acho que é isso, que o teu orgulho e objetivo consistam em pôr no teu trabalho algo que se assemelhe a um milagre.*

— Ahhh... não me venha com essa conversa fiada. — Retrucou Furbo.

Mas Rômulo respondeu.

— Ele também disse: Ó estupidez humana! você não percebe que passou toda a sua vida consigo mesmo e, no entanto, não está ciente da coisa que possui principalmente, que é a sua loucura?

— Tá me chamando de louco, rapaz? Pois fique sabendo que louco era Brunelleschi!

— E quem o ajudou a construir o domo também, não é? — Falou Giovanni em tom apaziguador.

— Exatament... não! Peraí! Vocês estão me enrolando, eu vou mais é beber meu gole quieto aqui, se não se importam.

Detto ouviu a conversa com o exato mesmo sorriso que tinha quando entrou na taverna, e não conseguia tirá-lo de jeito nenhum do próprio rosto. Eles simplesmente não deixavam.

Mandou mais uma mão das nozes para a boca. Giovanni ficou vermelho rubro ao ver isso, como quem vai passar mal de tanto rir a qualquer momento.

Mestre Fontana virou-se a Detto: — As nozes estão gostosas? Repara Noccio.

Detto olhou para o corpulento taberneiro. Ele tinha acabado de quebrar mais um bocado das nozes com cascas nas mãos. Antes de levá-las a boca ele chegou ao pote das nozes descascadas, e cuspiu as nozes dentro do pote.

Ai sim ele levou as nozes recém quebradas a boca, enquanto Detto cuspia ao chão todas as que estava comendo.

— O cara não tem dentes! Fica chupando as nozes, por isso não cobra nada por elas. Cazzo!

Giovanni riu tão alto que precisou sair da mesa e esticar no chão, dizia ele para parar de doer a barriga. Fontana disse alto: — O homem ri porque sofre. E Detto acabou rindo também de si mesmo.

Eles já terminavam o jantar, e ainda faltavam longas horas para escurecer[xviii].

Um grande grupo de pessoas começaram a passar pelas janelas da taverna. Eles estavam se dirigiram a piazza do Domo.

Noccio comentou:

— Hoje vamos ter Calcio, deviam assistir, enquanto cuspia mias um par de nozes ao pote.

## 12. O JOGO DE CALCIO

Detto seguia Livio e Giovanni, indo assistir ao jogo de Calcio. Fontana e Rômulo foi diretamente ao Mercado encontrar os comerciantes de Maiólica.

— Signore Livio, o que é este jogo de Calcio? — Perguntou Detto enquanto iam em direção a praça do Domo, uma curta caminhada.

— Uma herança de um jogo romano de outros tempos, chamado Harpastum, que veio de ainda mais longe, na Grécia era conhecido como Sferomachia. É um jogo onde 27 homens de cada lado correm atrás de uma bola e buscam lançá-la na rede do adversário, pendurada após um parapeito. São quatro Datori Back (goleiros), três Datori Innanzi (laterais), cinco Sconciatori (meio-campistas), e quinze Corridori (atacantes) de cada lado. Esses 54 homens vestidos a rigor disputam agressivamente a bola.

— As regras são complicadas o suficiente para que seja necessário 1 árbitro, 6 auxiliares, e um juiz fora do campo. Aqueles que atacam vão a caçada, mas um lance que não caia na rede dá a vez aos perseguidos, que se tornam os perseguidores. Na grande maioria das vezes ossos são partidos e dentes perdidos durante a disputa. Sinceramente não vejo sentido algum neste jogo brutal, e imagino que Giovanni concorda comigo.

Giovanni já avançava em frente, mas dignou-se a parar e responder.

— Posso ser ranzinza, mas não sou nem um pouco idiota. O Calcio Fiorentino[xix] é um jogo espetacular. Veja, Detto, o físico franzino de Livio consegue ser um empecilho ainda maior que o baixo intelecto dele para ser um bom jogador de Calcio.

Detto já desatou a rir.

— Esse jogo não faz sentido algum. Este último inverno chegaram a permitir que jogassem Calcio sobre o Rio Arno congelado! Quem correria este risco sem propósito?[xx] Me diga lá o que vês nesse jogo, Giovanni? Embruteceu Livio.

— As regras são simples o suficiente para que a disputa seja o importante, mas você aprende a seguir regras. Você descobre que não adianta chorar pela bola perdida, e se toma um soco, então o jogo continua com ou sem você.

Ele tomou um gole daquela caneca de madeira que sempre parecia materializar-se na sua mão, vinda do absoluto nada, e continuou.

— Você aprende a contar com seu irmão do lado, e sabe que precisa vencer o jogo se quiser levar o novilho como prêmio, desculpas não valem nada. Você aprende que seu corpo tem limites, mas que você pode superá-los se tiver vontade o suficiente, e não importa se foi pelo esforço físico, ou pelas porradas, no final do jogo vai estar doendo, e mesmo assim, ganhando ou perdendo, você vai estar satisfeito se tiver jogado o melhor que você pode.

Detto não estava acostumado a ver Giovanni falar mais que duas frases em simultâneo, o jogo deveria significar algo mais para ele do que ele estava contando. Mesmo assim, ele falou o suficiente para querer assistir à partida ainda mais.

Eles chegaram na Praça.

A Praça di Santa Croce, a Praça de Santa Cruz possui cerca de 150 por 70 braccio, cerca de 100 m x 50 m. Ao topo da praça está a belíssima Basílica de Santa Croce.

— Quanta gente! Todos vieram ver o jogo? E aquela bela igreja ao fundo? Detto indagou.

— Sim. Provavelmente. E aquela igreja é a minha favorita. A Basílica de Santa Croce, foi fundada por São Francisco de Assis em pessoa. Esta sim é uma grande obra de arte.

— É difícil escolher uma favorita, nem sei por que alguém deveria fazer isso com tanta coisa por aqui. — Detto comentou.

Giovanni chamou a atenção deles: — os jogadores já resolveram a disputa de lados e estão prestes a começar a jogar, vamos assistir.

Os jogadores vestiam roupas a caráter, coloridas ora com verde, com branco, com vermelho ou azul, dependendo do time do qual faziam parte, e que vinham de bairros específicos da cidade.

Um dos times iniciava a primeira investida. Um ágil jogador do time branco arrematara a bola e corria em frente, caçando espaço entre a bola e a rede.

Detto olhou a plateia por um instante, e viu que os olhos de todos estavam focados na mesma direção.

Foi quando Detto percebeu um jogador Gigante, devia ser quase meio metro maior que todos os outros jogadores. Ele estava de calças vermelhas, e sem esforço parou seu adversário.

Detto reparou que as mulheres que assistiam ao jogo prestavam atenção a ele de uma forma diferente. Foi o olhar delas que o fez perceber o gigante, mas ele sequer estava segurando a bola ainda. Tampouco se reparava no franzino e gordinho jogador sempre ao seu lado.

Detto sabia que o Gigante chamava a atenção de todos, e tinha grande torcida. Além disso, agora estava no ataque.

A partida demorava cerca de 1 hora, mas o juiz determinava seu final quando quisesse.

O gigante vermelho lançou a bola de longe, e seu time trocava a bola com velocidade e sagacidade. Entre passes e defesas para chamar a atenção dos adversários, ele correu pelas bordas do campo e lá estava ele, recebendo para marcar o primeiro ponto.

—Roooooooooooooooooooossssssssssooooooooooooo!!!!! Vou ganhar a aposta, Livio. — Giovanni gritou até o fim de seus pulmões

A partida continuou, e o gigante rasgou a própria camisa após o ponto. A torcida enlouquecia.

De todas as pessoas que Detto viu dirigindo olhares ao rapaz, uma mulher cruzou a vista de Detto. Ela olhava para o gigante como as demais, mas não tinha esse ar de volúpia que ele havia reparado. Estava com uma menina a colo, e tinha uma das sobrancelhas arqueadas ao ver a tenção que o Gigante Rossi despertava.

— É a esposa dele! — concluiu Detto deixando o pensamento escapar.

O jogo seguia rápido, o Gigante Rosso ao ataque foi capaz de derrubar três homens com facilidade, mesmo com um ferimento no braço. Detto estava impressionado com a saúde que aquele jogador dispunha, era algo que ele gostaria de ter.

— Vamos Gigante Rossi! — Gritava Giovanni — Ataquem!

O gigante avançou, mas sua investida tinha limites. Os Brancos o seguraram, então jogador do time branco desatou a correr, e pulou com ambos os pés na cabeça do Gigante. Seu supercilio abriu e o sangue começou a escorrer a baldes fundos.

O juiz parou o jogo.

O Gigante Rosso não havia concluído o ataque. O jogo estava empatado, com seis pontos para cada lado.

A mulher com a criança ao colo se aproximou do campo, e o gigante encurvado pela dor e cansaço pareceu um menino ao aproximar-se dela.

Ela falou algo ao seu ouvido, e parecia corrigir alguma postura ou talvez o encorajar. Ele ouvia atentamente, mas de repente a pequena criança ao colo da donna desatou um lenço branco que tinha amarrado a cabeça, limpou o rosto do homem e o amarrou em torno do braço do Gigante. O lenço ficou tão vermelho quanto suas roupas, eles sorriram, e o Gigante se voltou aos adversários, seu semblante endureceu como pedra. Ele estava pronto para o ponto final.

Seu time se voltou todo a apoiá-lo, eles sabiam que o gigante em seu tamanho poderia levá-los a uma possível vitória, mas o amor daquele gesto dava a ele alguma certeza de que ele precisava.

Eles assumiram posição de ataque e aguardaram o aviso do juiz. Tão logo voltaram, quatro dos jogadores do time Branco atacaram o gigante, deixando alguns poucos marcando os demais jogadores realmente perigosos.

O Gigante Rosso continuou a empurrá-los, os pressionando contra a rede, mas viu que suas forças estavam no limite. Ele olhou a menina e sabia que naquele esporte, como na guerra, nem sempre a vitória chega a quem luta por ela. Todos perdem em algum momento.

O time Branco percebeu um certo vacilo do Gigante ao olhar a menina, e atacaram ainda mais forte. Ele cedeu à pressão e caiu.

Quatro adversários estavam em cima dele, nem se conseguia ver o Gigante, e todos procuravam a maldita bola.

Eles a encontraram tarde demais, quando o gordinho franzino, que ninguém reparava, marcava o ponto para o time Rosso.

— Aeeeeeeeehehhhhhhhhhh! — Gritou Giovanni, sabendo que ganhara a aposta afinal.

O gigante se levantou e olhou novamente a arquibancada ele arqueou as sobrancelhas, deu de ombros e sorriu de volta, dando uma piscadela que provava que o plano da donna dera certo afinal.

Detto sentiu que precisava, ao menos uma vez, ter a vitalidade do gigante, e receber um amor assim. Da torcida, com certeza. Da mulher, ainda mais.

O jogo terminara e decidiram ir até o mercado encontrar Fontana.

Mas para surpresa ele estava ali perto, rindo enquanto lia um aviso em pedra afixado na parede de uma das casas da praça. O aviso dizia:

— Proibido jogar bola di Calcio aqui.

Muito tempo passou antes que Detto encontrasse novamente Noccio, Furbo ou o Gigante, mas esse dia chegaria no momento preciso.

## 13. O Mercado e a Ponte

— Vamos, não há tempo de olhar tudo que há neste mercado em apenas um dia, garoto. — Reclamou Fontana na medida em que passam pelo Mercado e Detto parava para ver cada barraca, a poucos minutos de caminhada da Praça do Domo, onde estavam.

— Vamos precisar acelerar para atravessar a Ponte Vecchio[xxi] antes que caia a noite.

Detto estava deslumbrado com o mercado. As ruas estreitas estavam apinhadas de servos, cozinheiros e cidadãos que ainda circulavam no lugar. Tendas cobriam parte das vendas, mas toda a área era uma grande praça aberta. Eles passaram pelos vendedores de linho, cânhamo e ferragens de toda espécie. Vendedores gritavam e chamavam as pessoas a comprar bolinhos fritos, supostamente bacalhau, ou talvez arenque, atum, anchovas e até baleia, ou seriam peixes do Arno?

Havia vendedores e verdureiros com ora maçãs, ora nozes ou tomates, couve, espinafre e flores de abobrinha, cenouras ou ainda algum novilho, vindos da Ponte Vecchio onde os açougueiros ficavam.

Muitos discutiam preço, mas achava-se de tudo a quantias ou favores razoáveis. Em uma esquina se via o Boticário, com ervas para saúde e para tempero, expostas nas paredes e em grandes albarellos. Havia camomila, erva-doce, violetas, gerânios, goivos, sálvia, papoilas, e até mesmo sanguessugas dispostas num vítreo albarello, onde se via a água já a muito esverdeada. [xxii]

Passaram por uma parte totalmente dedicada a materiais de pintura, escrita, escultura, todo tipo de insumos para as artes mecânicas e liberais. Eram pinceis de madeira, de osso, com pontas de todo material e em todas as formas que algum pintor pudesse achar necessário. Além é claro de placas de madeira de para todo tipo de árvore, como carvalhos, sicômoros, e figueiras.

Era perto dali que ficava o Atelier de Andrea Verrocchio, um grande discípulo que se tornara um grande mestre, com discípulos ainda melhores que ele mesmo. Entre seus alunos, ele foi o primeiro a ensinar a arte da pintura a Leonardo Da Vinci, e muitas histórias dali vinham.

Quanto mais próximo da Ponte chegavam, mais vendedores apareciam. Especialmente com todo tipo de carne. Nas vielas já apareciam alguns galinheiros, e em meio à multidão apinhada entre carroças, alguns soldados faziam vista grossa a certas vielas onde havia não tão certos albergues, e as meninas que compunham casas de tolerância, sem bola para algum decoro.

Giovanni se engraçara com uma menina, mas não parou, afinal estavam andando em direção aos comerciantes de vinho.

Eram vinhos de todos os gostos e espécies, com uvas brancas e tintas, das tintureiras e não tintureiras, garrafas grandes e pequenas, para vinho quente ou frio, com frutas ou não, especiarias se desejar, e várias alegavam não apenas dar alegria fácil, mas ser uma panaceia para qualquer mal da saúde ou do espírito.

Algumas poucas e caríssimas especiarias estavam ali, daquelas que apenas os mais abastados poderiam comprar, como canela, açúcar e açafrão. Quanto mais perto do Castelo della Signoria, mais caros eram os produtos.

Eram ourives, vendedores de latão e todo tipo de joias, brincos e anéis, além das melhoras roupas em lã e seda, peles de cordeiros, raposas e até mesmo ursos. Mais que o suficiente para cortejar qualquer dama da cidade com sucesso, mas sempre de acordo com o tamanho da algibeira do pretendente.

E quando chegou na área dos queijos, Detto voltou a sentir o estômago. Eram queijos de todos os tamanhos e lugares. Um queijo curado inteiro era tão grande que foram necessários dois homens fortes para carregá-lo.

Queijos frescos, de meia cura e cura completa estavam lá. Ele não estava com fome, mas o cheiro lhe agradava tanto quanto agradava aos ratos. Era tão saboroso que sentiu fome, mesmo tendo comido a pouco.

Era uma daquelas fomes que te fazem sentir o estomago como quem sente a súbita presença de uma parte a mais no corpo, e parecia tão vazio naquele instante que era capaz de tragar qualquer coisa que aparecesse, como uma estrela em colapso sugando o universo.

Era fácil achar qualquer coisa que se vendesse em toda a Toscana por ali. Todos co 'gomiti, *aos cotovelos*, como dizem os florentinos.

Eles seguiram em frente, passando pelo palazzo della signoria, a sede do poder político da cidade, mas Detto mal pode observá-la naquele momento, sendo puxado pelo braço a qualquer parada não planejada.

Finalmente chegaram na Ponte Vecchio.

A ponte foi reconstruída algumas vezes, sempre derrubada pelas fortes chuvas, até ter a forma atual.

A ponte Vecchio contava com três arcos inferiores, apoiados em apenas dois pilares, permitindo ao grande Rio Arno passar por baixo da ponte com o menor esforço possível, e dando altura para que troncos e pequenas embarcações pesqueiras passassem por ali sem afetar a estrutura da ponte.

A Ponte detinha largura de 32 braccio, cerca de 18 metros. Havia comerciantes que escalpelavam, fritavam e pururucavam, descamavam todo tipo de animal. Novilhos, vacas, porcos e galinheiros estavam ali. Peixes do Arno e de todo o Mediterrâneo, e pequenas lojas de madeira ocupavam os dois lados da ponte.

Uma pequena praça central ainda havia ali. Os açougueiros da Arte dei Beccai, a arte das carnes, uma das 14 artes menores de Firenze, estavam todos ali. Eles se apropriaram da ponte pois tinham como descartar as carcaças não aproveitadas diretamente no rio, sem carregarem as partes de um lado para o outro.[xxiii]

Caia a tarde. Entre uma imensa profusão de cheiros e sabores, o som das conversas dos comerciantes e do fritar dos óleos e azeites, aos passos e cotoveladas, Detto parou a observar uma pequena janela de uma das lojas.

Uma garota pairava a olhar o fim do dia. A luz descia sobre seus cabelos, e ela dobrava pernas a apoiar-se no parapeito. A janela entreaberta deixava a luz exata entrar no cômodo simples, e refletia toda nela. Detto não se contentou em deixar aquele momento passar sem um devido registro.

Abriu a saca e pegou o zibaldone, os barulhos se reduziram ao ponto de não mais ouvi-los, tão grande era sua concentração. O rosto resoluto mostrava um esforço enorme em perceber cada detalhe da imagem, gravando o que via na retina, no coração e na alma. Ele apoiou o caderno nas pernas e, sentado num pequeno caixote de madeira, começou a desenhar.

Foi o suficiente para levar uma chacoalhada no ombro e ser puxado dali por Giovanni, impedindo o desenho.

— Me larga, Giovanni. Preciso fazer isso.

— Espero que tenha gravado o suficiente na cabeça, já chegamos.

## 14. Bramante, Antonio e Case

Eles davam os últimos passos para fora do mercado. Fontana e toda a trupe se aproximavam de duas bancas que estavam logo do outro lado da ponte. Aquela área já estava fora do mercado, e ficava próxima ao Palazzo Pitti, a direita do Rio Arno.

— E qual a história daquele palácio, Livio? Perguntou Detto.

— Não tem muita ainda. Brunelleschi desenhou e Luca Fanceli terminou a construção. Ali mora os descendentes de Luca Pitti, o maior banqueiro que essa cidade já conheceu.

Fontana arqueou as sobrancelhas, ouvindo a história.

— Dizem que decidiu contratar o arquiteto mais genial da época, a quem mandou fazer as janelas do tamanho das portas da residência dos Médici. Além disso deveria criar um pátio interno tão grande que caberia todo o palácio dos Médici na Via Larga.[xxiv]

Livio continuou.

— Quando Cosimo de Medici faleceu em 1464, ele buscou se tornar um ditador em Florença, e poucos rivalizaram seu poder. Chegou a tentar matar Piero di Cosimo de Medici. Uma pena não ter conseguido, Piero era um babaca.

"Rômulo" se meteu na conversa

— Não foi bem assim, tá bom? Primeiro que Pitti ajudou a defender Cosimo quando ele estava bem velho, e foi muito bem recompensado com 20 mil Ducati por isso.

Detto e Lívio prestaram atenção a Lena disfarçada de "Rômulo".

— Então veio Pietro. Ele sempre estava doente e mesmo assim manteve a cidade funcionando como um competente Gonfaloniere. O babaca era Pitti, e se não fosse Ba... seu filho Lorenzo de Medici, que passou pela rua bloqueada e conseguiu avisar seu pai, Pitti tinha conseguido matá-lo. E mesmo assim Pitti foi perdoado por Piero de Medici, por tanto que ajudou seu avô.

Fontana, que ouvia atentamente, falou: — Na política raramente uma única causa é capaz de algum movimento. As circunstâncias somadas é que geram mudanças reais.

— Os bons políticos sabem disso, e acabam por manipular um jogo onde os favores importam muito mais que alma. — Se meteu Giovanni, argutamente, continuando — Mas todas as decisões que realmente mudaram o mundo raramente foram tomadas por mais que cinco ou seis pessoas excepcionais reunidas por uma causa maior que a vida.

— Vejo que esse jovem engraçado sabe mais dessa história que eu. Interessante. — Disse Livio dirigindo-se a Rômulo.

— Ahhh, finalmente. Ali estão os amigos que procurava. Salve, Antonio! — Falou Fontana, ainda a alguma distância dos dois homens que ali estavam, na cobertura de duas tendas e toda uma caravana.

Esta área ficava fora do mercado, onde se negocia mais papeis que mercadorias, embora algumas caixas e itens estivessem espalhados a volta, pelo longo comboio de carroças e carruagens próximas.

— Signore Fontana! Bem ver-te com saúde, velho amigo. Disse o alto e forte marcador. — Deixe-me tratar com o Sr. Bramante e já lhe darei toda atenção. E dirigiu-se ao homem ao seu lado. — Sr. Bramante, este é um velho amigo, hoje residente na Villa Cafaggiolo, permita-lhe apresentar-vos.

— Antes de continuar, Sr. Bramante. Permita-me. — Dentucco! Busque água, vinho e cadeiras para os nossos convivas. Gritou para um jovem que estava ali a escovar os animais e ajudar o comboio.

Quando o jovem se aproximou, fica fácil entender o porquê do nome Dentucco (Dentuço). Ele tinha a fronte tão larga que chamava a atenção.

Certa vez mestre Leonardo da Vinci, estudando os rostos das pessoas que passavam por ele ficou impressionado com a arcada dentária deste rapaz. O chamou de Dentucco, comparando-o a um bom cavalo. Dentucco era bem-aventurado, o rapaz desatou a rir do próprio apelido, tomando com um elogio ter recebido atenção de mestre Leonardo, e hoje em dia ninguém nem mais se lembra do nome verdadeiro de Dentucco.

Após Dentucco trazer as bebidas e assentos, Antonio conversava Fontana a Bramante[xxv] e vice-versa. Antonio era um mercador que fazia com frequência rotas entre Veneza, Milão, Urbino, Florença, Piza, Arezzo, Siena, e outras cidades, já conhecido de longa data por Fontana.

Já Donato Bramante era pintor e arquiteto, um homem experiente, que havia passado a algum tempo os 40 anos, de cabelos longos, mas ralos no alto, de nariz adunco típico da região, e que viva em Milão, para onde a caravana se dirigia.

Conversaram algum tempo, Giovanni e Rômulo passaram a acompanhar, taciturnamente.

— Então vão para Milano em seguida? Comentava Fontana.

— Sim, infelizmente não consegui encontrar o que procurava. Que Petrarca não tenha qualquer soneto sobre a minha incapacidade, espero eu. Ou que talvez tenha, eu gostaria de ler.

— Mas o que procuravam, Signori? Antonio respondeu primeiro, seguido de Bramante, com sua rouca voz.

— Eu estou acompanhando Bramante, mas além do comercio habitual na rota, estou à procura de três cofres muito específicos, um cofre feito de ouro, um cofre de prata e um terceiro de bronze. É para um cliente de Belmonte.

Bramante por sua vez, respondeu dando ar de aventura a sua resposta.

— Eu procuro um tomo da antiguidade, um clássico sobre arquitetura de um homem chamado Vitruvius. Descobrimos que há cópia pela região, mas ainda não encontramos alguém que saiba exatamente onde ele possa estar. Tal qual um bom mistério.

Giovanni fez aquela temida pergunta, justamente a pergunta que não se faz a um escolástico. — E por que deveríamos dar qualquer importância para o que esses homens da antiguidade pensavam?

Bramante abriu a boca escancarada num silêncio ensurdecedor. Suas pupilas se arregalaram e Giovanni entendeu que a pergunta disparava algum gatilho quando achou que os parcos cabelos da cabeça de Bramante tinham se arrepiado.

— Este tomo é capaz de me mostrar como os antigos pensavam sua belíssima arquitetura, além de mostrar proporções arquitetônicas capazes de exprimir o belo com tal exatidão e equilíbrio que seria impossível não a admitir, mesmo para um observador de intelecto limitado como você.

— Mas porque eu deveria entender o que é belo, se me basta vê-lo?

— Para que seja capaz de cria-lo com tuas mãos. Retrucou Bramante.

— Me parece tolice tentar superar a natureza. Disse Giovanni enquanto olhava para sua espada presa à cintura

— E para que você acha que Santo Tomás de Aquino viveu e morreu que não para alinhar a filosofia grega da antiguidade com a verdade revelada por Cristo? E a filosofia que nos ensina a viver bem, como Sêneca e Marco Aurélio? Não vês que o entendimento é a arma da humanidade contra a barbárie, e que entender do ser é entender de Deus, meu caro?

— Não veja como heresia, mas não sou um homem tremendamente religioso. As minhas batalhas não deixam. — Giovanni respondeu entre goles da sua caneca mágica de vinho. Ou ao menos parecia magica, tal qual se transportava para suas mãos sempre que conveniente. Bramante continuou a lição sem se importar.

— Quando amamos o conhecimento somos capazes de apreciar a beleza. Platão já sabia que há um mundo ideal, superior ao mundo real. E nele apenas as ideias reinam.

— Ainda assim Aristóteles o revigorou com autenticidade, garantindo que a experiência, ou seja, saber o que há fora do perímetro, nos permite perceber a realidade verdadeira. Como viver sem saber o que é a ideia de vida? Como amar verdadeiramente sem entender o que é o amor?

— Quer um gole do vinho, amigo? Acho que está precisando tanto quanto eu.

Bramante tomou um gole, e enquanto Giovanni esperava ele beber e achou que isso terminava seus argumentos, ele apenas viu que o vinho soltava ainda mais a rebuscada língua de Bramante, a falar de filósofos, poetas e arquitetos, todos mortos a muito tempo.

Bramante lhe explicava conceitos sobre as causas e características de tudo que existe, e eles pareciam até ter algum interesse, mas Detto achava tudo aquilo um saco. Especialmente quando começaram a falar de cavernas e ideias.

— Eles parecem se entender bem. Puxou Rômulo a Detto, enquanto Detto deixava-os conversar a alguma distância, e mal reparou que um terceiro homem se aproximava, com alguma companhia o seguindo.

— Olá Livio, vejo que trazes companhia.

Livio estremeceu um pouco ao ouvir esta voz, e respondeu.

— Olá Signore Case, que alegria o ver por aqui, tenho certeza de que vai desejar negociar com Mestre Fontana.

Antonio e Fontana tinham os braços e pernas cruzadas, sem se importar com a chegada daquele cidadão um pouco espalhafatoso.

— Salve Lívio, vejo que trazes novas chances para negócios. Falou Case ao cumprimentá-los, enquanto mastigava um pedaço enorme de chouriço, e olhava atentamente todos a sua volta, sem perder de vista nem Detto, nem Rômulo, nem mesmo Toli.

Ele vestia roupas azuis e vermelhas, com calças de boca larga como um bufão, mais largas que a moda fiorentina ditava, certamente.

Seus longos cabelos pretos corridos e olhos pequenos combinavam pouco com o queixo proeminente que certamente descambava para um prognatismo acentuado, mas contava com o nariz adunco, apontando para baixo.

Giovanni cochichou a Fontana, arrancando uma gargalhada dele.

— Se ele tivesse o queixo um pouco mais proeminente, e nariz crescer só mais um pouquinho, é capaz dos dois se encontrarem e ele nunca mais vai comer chouriço assim.

Os homens começaram a tratar de trivialidades comerciais e ainda mais enfadonhas, Bramante se retirou para a ceia. Detto e sua companheira Toli se afastaram um pouco dos demais, ele tinha um trabalho a fazer.

## 15. O Soco mais famoso da Renascença

Detto se sentou em uma pedra disposta mais ao centro da estrada, mas ainda a vista dos amigos. Ficava mesmo ao lado da carroça trazida pelo Mestre Fontana. Poucos passantes andavam por lá ao cair da tarde, mas uma patrulha de soldados passava quando em vez.

Ele abriu seu zibaldone e relembrou-se da garota sentada a janela. É uma imagem que vinha em sua mente várias vezes nas últimas horas, e a cada vez ele relembrava os detalhes dos cachos da menina, da luz e da sombra, das cores do mercado e das pequenas imperfeições na pele dela.

Era hora de tentar desenhá-la, nem que fosse um maldito esboço.

Pegou a ponta de carvão, raspou na pedra e a limpou na barra da capa que usava, pelo lado de dentro para não andar sujo de carvão por aí, poderia encontrar alguém importante.

Ele focou totalmente no papel em branco de seu caderno a sua frente e começou a rabiscar. Lentamente ele traçava linha após linha, curva após curva, de acordo com que sua memória permitia, e seu foco era tanto no desenho que não viu Lena se aproximar.

Ela sentou-se ao seu lado, no banco formado pela parte móvel da traseira da carroça. Não dizendo uma palavra sequer para não o interromper. Seu silencio o dignificava, e ele sequer percebeu isso.

Na medida que as linhas eram traçadas, ele percebeu que sua memória ainda era muito falha, mas não começara pelos detalhes, mas pelos contornos da forma. E para estes contornos a lembrança era muito eficaz.

Na medida que ajustava proporções, cometia muitos erros, mas então desenhava sobre eles e ajustava o rascunho. Quando achava que já havia progredido, começava um novo desenho em outro canto do papel. Ele parecia estar avançando, principalmente quando conseguiu traçar uma espiral bem redondinha, como os cachos da garota na janela.

Ele perdeu a noção do tempo, mas apenas o tempo presente importava ali.

A imagem aliada aos mecânicos movimentos da mão, a inclinação do carvão e seu desgaste no branco papel importavam. Acabou por não ouvir mais duas pessoas se aproximarem, e Rômulo cumprimentar os desconhecidos.

Fora interrompido com um aperto nos ombros.

— Você não tem vergonha de fazer um rascunho como esses? E ainda para mais usando materiais assim? Disparou o rapaz que lhe interrompera, mas o outro veio em sua defesa.

— Não ligue, esse rapaz se acha um gênio esforçado. A combinação de esforço e talento até poderia fazer sucesso, mas sua arrogância fará com que nunca seja realmente lembrado por nenhuma obra.

O jovem que o interrompera com o aperto tinha ombros largos e fortes, e sua fronte avantajada guardava olhos pequenos e lábios finos, mas o que mais chamava atenção era o nariz perfeito, reto e totalmente proporcional a sua face, quase como se a proporção vitruviana estivesse ali aplicada com máxima exatidão. Era o nariz perfeito no rosto de um babaca.

— Deixe-me olhar sua obra novamente. Disse ele arrancando o zibaldone das mãos de Detto.

Lena ficara somente a olhar, e curiosamente Toli achou ser uma brincadeira, pois pulava em direção ao rapaz tão logo ele pegou o caderno.

— Devolve o caderno ao rapaz, Buonarotti! Esbravejou o outro garoto que vinha com ele, novamente tentando defender Detto do amigo petulante.

— Não vejo aqui nada surpreendente, mas a composição parece boa. Há quanto tempo você se dedica ao desenho, jovem...

— Detto é meu nome, este é Rômulo, somos de Cafaggiolo. Na realidade não tenho tempo nenhum, ainda — Respondeu Detto a Buonarotti.

— Obviamente já tens. Mesmo que seja apenas alguns minutos. Algumas pessoas subestimam o momento de começar algo. Não é preciso muito para começar, o aprendizado faz parte do caminho tão logo começas a andar sobre ele. Com um pouco de esforço esse desenho mostra que já deves ter mais talento potencial que meu amigo aqui.

O outro jovem fechou a cara e dirigiu-se a Detto e Rômulo.

— Eu sou Pietro Torrigiano, e este cristão incansável, louco e arrogante é Michelangelo Buonarroti, piacere.

Michelangelo olhou o semblante de “Rômulo” com atenção, se aproximou e segurou levemente seu queixo. Ela não disse qualquer palavra, e novamente Torrigiano interveio.

— Solte ele, Michelângelo. Não basta o dia terrível? E se dirigiu a Detto, enquanto Michelangelo voltava-se novamente para o desenho de Detto.

– Viemos da Igreja de Santa Maria del Carmine, fica a uns 10 minutos daqui. Lá passamos todo o dia a aprender com seus afrescos e obras, mas esse daí teve um dia ruim. Apontando para Michelangelo.

— Torrigiano, eu tive um dia ruim. Estou agora a ir ao encontro dos Medici, já reconheceram meu talento e me colocam em excelente companhia. Um dia ruim na minha vida deve ser muito melhor que seus melhores dias.

— Pare, Michelangelo. Pediu Torrigiano, mas Michelangelo continuava a troçar dele.

Lena sentiu calafrios ao ouvir de sua família e pensar nas consequências caso seu plano de disfarce fosse descoberto.

— A composição está boa. Ela me desperta um sentimento triste, de piedade por ela. Daria uma boa composição se eu soubesse o que ela traz ao colo. Parabéns pela tentativa, vais ultrapassar o talento de meu amigo em... espere, acho que já passou.

— Chega! Gritou Torrigiano, já realmente irado com os ataques ao seu talento.

— Dizem que quando Leonardo Da Vinci ajudou a pintar O Batismo de Cristo, seu mestre Andrea de Verrocchio, que até então pintava com ele, nunca mais pegou num pincel, tal era o talento de seu pupilo Leonardo[xxvi].

Detto continuou a olhar para entender a história.

— Verrocchio também nunca mais pintaria depois de ver alguma obra do meu amigo Torrigiano. Mas por desgosto!

Michelangelo ria a ponto de apoiar as mãos nos joelhos, enquanto apontava para Torrigiano e olhava para os recém conhecidos.

Torrigiano cerrou os punhos fortemente e caminhou a passos duros em direção a Michelangelo, que continuava a rir, e então lhe deu um soco tão forte naquele nariz perfeito que o barulho pode ser ouvido por Fontana e os demais que ali estavam.

Eles logo se aproximaram, pois Michelangelo e Torrigiano acabaram por se atracar um ao outro. O nariz de Michelangelo sangrava bastante, e o sangue se espalhava nas camisas dos dois rapazes.

Giovanni e Fontana foram apartar os jovens, que estavam rolando pela terra, enquanto Livio e Case observavam. Lena se levantara dentro da carroça.

Giovanni segurou Torrigiano com facilidade, torcendo seus braços atrás das costas. Ele tentava avançar para Michelangelo mas não tinha nenhuma chance de se desvencilhar de um combatente experiente como Giovanni.

Já Fontana tentara segurar Michelangelo. Ele prendeu seus braços pelas costas, entrelaçados ao próprio braço. Mas Michelangelo era um jovem escultor, e trabalhar na pedra por tantos dias deixava o corpo forte como a pedra trabalhada.

Ele deu um passo para traz e puxou de volta com toda a sua força. Fontana acabou por soltar o jovem e tropeçar, caindo de costas sobre a carroça.

O baque fez a carroça se mover, Lena se desequilibrou e caiu sobre as caixas de Maiólica escondidas até então. Detto, Fontana e Giovanni fizeram coro:

— Leeeeena!

Num ímpeto de força Giovanni jogou Torrigiano para o chão e ficou entre os dois rapazes.

Lena levantou-se e viu que não tinha quebrado nenhuma peça, mas seu disfarce estava em risco absoluto. Optou pelo silencio novamente, qualquer atenção iria atrapalhar.

Fontana se levantou, percebeu de relance a carga intacta e observou Torrigiano, que gritava a plenos pulmões.

— É, Michelangelo, você talvez marque a história, mas vai levar essa marca que eu te fiz para sua sepultura. Pude sentir ossos e cartilagens afundarem como biscoito sob meus dedos![xxvii]

Michelangelo, com a cara toda ensanguentada e seu nariz agora deformado disse:

— Seu tolo. Será banido de Florença pelo que fez. E não guardarei nenhum rancor dessa tua inveja idiota.[xxviii] Me basta a queixa que darei.

Case seguiu com Torrigiano, e Fontana se ofereceu para a acompanhar Michelangelo, mas ele preferiu partir com Antonio, o mercador, que deixara alguns guardas de sua caravana a disposição. Fontana preferiu, pois estava preocupado com a carga de Maiólica.

Detto e Giovanni continuaram ali, e Livio olhou Lena com atenção catastrófica antes de partir.

Livio acabou por seguir junto de Case e Torrigiano, na esperança de que a fuga do rapaz pudesse deixar alguma riqueza em seu bolso.

Afinal ele conhecia as pessoas certas nos lugares certos, e ajudar um jovem sempre é bom, pensava ele.

Mas Livio não conseguia realmente fazer nada sem que ganhasse algo fácil com isso. Ele sempre ganhava, mas o que ganhava nem sempre fazia o bem pra ele.

## 16. O PRINCÍPIO DO FIM DO PRINCÍPIO

— Torrigiano, você fez certo. Defendeu sua honra, rapaz. — Disse Livio, com suas longas sobrancelhas arqueadas, um sorriso escondido no rosto, sem que Torrigiano pudesse ver.

— Nós vamos te ajudar. Vamos precisar de uma faixa para essas mãos machucadas. Falou Case a Torrigiano, enquanto Livio os seguia logo atrás.

A mão de Torrigiano ficara duramente marcada pelo golpe, exceto o dedo anelar. O anel protegeu o dedo do rapaz. Torrigiano foi andando a passos rápidos, sem saber exatamente o que fazer.

Uma coisa ele sabia.

Sabia que tinha se excedido mais que o aceitável, e agora seria preso, ou banido, talvez morto. Melhor seria fugir dali.

Mas como fugiria?

— Talvez Michelangelo já tivesse falado com os próprios Medici. — Revelou Torrigiano seus pensamentos em voz alta.

Ele foi tomado de um desespero típico dos homens que não se arrependem do que fazem, mas tomados pelo orgulho, não conseguem ver o sofrimento causado pelas suas próprias ações.

Ele caminhava até sua casa, já a frente.

— Onde você mora, garoto? — Perguntou Case.

— Moro logo depois daquela via, junto de meus pais. Eles são mercadores. Meus pais! O que vão fazer com eles?

— Não há nada com que se preocupar agora, garoto. Estamos aqui. — Case fez uma pausa, como se estivesse pensando no que falar. Mas ele já sabia a tempo o que diria ao rapaz.

Case falou lentamente ao rapaz, quase dando instruções de como proceder.

— Olha, entra lá na tua casa, pega tudo de valor que é teu, e dos teus pais, então volta pra cá. Pega especialmente florins e ducados em moeda, pois vai precisar. Eles são teus pais, vão querer seu bem e não vão se importar com bens materiais.

Torrigiano não perdeu um segundo discutindo, mas antes entrou varado casa adentro, disposto a sequer ser visto ali.

Livio e Case ficaram e conversar.

— Por que está ajudando o garoto? Perguntou Livio.

— Tenho pena dele. Proferiu a frase com um sorriso malicioso nos lábios.

— Eu também. Respondeu Livio, tentando imitar o sorriso de Case, mas apenas o deixava com cara de ainda mais idiota.

— Além do mais, qualquer um que busca ser um artista tem algum tipo de mecenato. Ele vai conseguir trazer algum dinheiro. E eu sempre estou precisando de algum. — Retrucou Case.

— Eu Também, eu também. Livio parou um tempo pra pensar sobre o ocorrido.

Mas Livio não é do tipo de gente que para pra pensar, antes precisa falar seus pensamentos a alguém, pra ver se aquilo faz qualquer sentido real. São como sinos de igreja, sozinhos ou em silêncio não possuem qualquer propósito.

— Case, sabe aquele rapaz chamado Rômulo? Reparou que eles acabaram o chamando de Lena em um momento da confusão?

— Sei, reparei. O que tem ele?

— Me parece que não seja um garoto, mas uma garota bem especial. Lena é o apelido de Magdalena, e eles vieram de Cafaggiolo, sabe?

— Livio, está me dizendo que aquele falso rapaz era Magdalena de Medici? A filha favorita da falecida Clarice Orsini e filha de Lorenzo di Medici? O que ela estaria fazendo aqui? — Detalhou Case, por um instante tendo que falar seus pensamentos em voz alta, como Livio.

– Eu não sei exatamente, mas veja: Magdalena estava em Cafaggiolo, a acompanhar seu marido que anda por Firenze metido em jogatina, dizem algumas línguas afiadas. Poderia ter vindo pra cá com facilidade. Além disso, aquele rapaz sabia de detalhes da história dos Médici melhor que eu, e eu sou bom com esse tipo de fofocas.

Case começou a tamborilar os dedos atras da cabeça, o que fazia quando estava bolando alguma coisa. Diferente de Livio, ele pensava por si.

— Bem me pareceu ser um garoto bem atraente. Mas não importa, basta que possamos pegá-lo rapidamente para saber se sua percepção é falha ou não. Mas o que faríamos caso eu esteja certo?

Case havia se apoderado da ideia de Livio como se fosse sua. Ele pensava por si, mas era hábil em roubar até mesmo ideias.

— Poderíamos sequestrá-la, enviar algumas cartas e demandar um resgate a seu marido aqui mesmo. Sugeriu Livio.

— Não, seu tolo. Seria arriscado demais, os florins seriam bons, mas não vou correr o risco de morrer sem um bom plano. Precisamos de alguém disposto a escrever as cartas, entregá-las e ainda levar a culpa se alguém descobrir alguma coisa.

— E onde encontraríamos alguém tão tolo e tão desesperado...

Livio foi interrompido por Torrigiano caminhando aceleradamente em direção a eles, com pouco mais que uma trouxa amarrada nas costas.

— Livio, deixa eu conversar com o rapaz, vero?

Livio sorriu, já virado a Torrigiano.

— Pelo peso da trouxa não tem muito dinheiro aí, não é?

Ao menos conseguiu trocar a camisa e colocar a faixa nas mãos.

# 17. Giovanni vai a Igreja

Estavam todos reunidos na Bodega.

Lena subira e preferiu ficar no quarto que tinha apenas para ela, os rapazes comiam a ceia.

Fontana já tinha organizado tudo. Passariam a noite ali e se encontrariam com Antonio, o mercador, no dia seguinte. Ele também havia feito todos os preparativos para a venda da carga de Maiólica, e para adquirir os pigmentos e voltar a Cafaggiolo.

— Mestre Fontana, por que nós simplesmente não pedimos ajuda ao Il Magnifico em nossa tarefa? Ele está a uns poucos minutos do Palazzo Medici – Ricardi, não é? Não seria mais fácil irmos lá e ele mesmo decidir o que devemos fazer?

— Ah, Detto. É verdade. Mas veja, o que estamos fazendo é justamente seguindo seus desejos mais que suas ordens. Donn'Anna sabe que Il Magnifico está velho, e a vila quer dar um presente a ele.

Ele continuou a contar a história de Lorenzo Il Magnifico a mesa.

— Veja, ele tem seus 40 anos. Mas já sobreviveu conspirações como a dos Pazzi, já foi prisioneiro de Nápoles e acabou saindo de lá cheio de presentes e honrarias, mas saiu com algo ainda mais precioso. Trouxe paz entre nossa cidade de Firenze e a cidade de Nápoles, estendendo-a a Roma e ao Papa. Ele controla com mãos de ferro nossa cidade.

— Mas não seria melhor que fossemos livres de qualquer tirania?

— Sim, sempre. Mas ele não é um tirano. Negou as honrarias que recebeu buscando apenas ser reconhecido como grande cidadão. Pode ter enfraquecido as instituições de nossa república florentina, mas conseguiu manter a prosperidade da cidade. Hoje em dia ninguém em Firenze é patrono de mais artistas do que ele, sendo ele mesmo um poeta.

— Uhhnnn, na política as coisas não são nada simples.

— Talvez com o tempo você aprenda. Não espere perfeição de Il Magnifico, ele é apenas uma pessoa de carne e osso. Ele certamente perderia no Calcio para Giovanni, nem faria um vazo de cerâmica como eu. Mas foi um bom homem em seu tempo.

— Como assim um homem do seu tempo?

— Toda pessoa é lembrada pelo que ela faz, não pelo que a motiva a fazer. Ninguém conhece teus pensamentos nem tuas emoções.

— As vezes nem a gente mesmo. — Completou Giovanni, tomando outro gole de vinho e olhando perdidamente para algum horizonte.

— E embora as ações necessárias mudem com o passar do tempo, os valores que definem uma boa pessoa não mudam com ele.

Fontana por vezes ensinava a Detto assim, com longas conversas sobre o que achava da vida, respondendo a toda pergunta. E Detto tinha perguntas infinitas, mas poucas respostas.

— Tá, agora não entendi nada mesmo, mestre.

— Veja, o que seria um grande homem nos tempos da Grécia, ou em Roma no tempo de Jesus, ou nos impérios que conhecemos, seja o carolíngio, o otomano, ou entre os árabes ou muçulmanos. Cada pessoa em sua época age de uma certa forma, buscando ser lembrada, talvez reconhecida, mas buscando sucesso de alguma forma.

— Talvez ser amado por quem importa, pra mim já basta. — Respondeu um Giovanni impaciente na ponta da mesa.

— Sim, Giovanni. É verdade, mas o que fazemos para atingir essa felicidade, lentamente progredindo e alegrando-se com isso, muda a cada dia.

Giovanni tomou mais um gole, respondendo — Se eu mesmo pudesse viver minha vida novamente, cometeria outros erros, talvez até piores do que eu já cometi, mesmo sem saber.

Fontana emendou — Mas meu ímpeto de buscar ser bom seria o mesmo.

— Ahhh, entendi. Ser grande em seu tempo é fazer o que precisa e o que pode ser feito. Isso muda a cada instante, mas o que lhe impele a fazê-lo não muda nunca. — Respondeu um atento Detto, para variar um pouco.

— Então, quais são esses valores imutáveis, Mestre Nicolò Fontana? Giovanni perguntou falando mais alto do que deveria.

— Para esta pergunta eu não tenho uma resposta ainda. Mas sempre que penso demais sobre isso acho que estou no caminho errado. É o movimento do agir e da experiência que me faz refletir e aprender alguma coisa, então continuo andando em frente não importa o que aconteça. Mais cedo ou mais tarde as respostas para essas perguntas chegarão a mim, mais do que eu poderia encontrá-las por minha própria reflexão isolada.

— Olha, o papo tá até interessante. Mentira, não tá, não. Fontana já esperava a piada, mas não segurou o sorriso por isso, enquanto Giovanni continuava — Mas eu tenho que fazer outra coisa de qualquer forma. Vou visitar a igreja. — Avisou Giovanni.

— Não sabia que estava finalmente ficando religioso, Giovanni.

— Não estou. — Respondeu secamente.

Detto pediu a Giovanni para ir com ele, e ele relutantemente deixou, afinal não ia adiantar nada deixar o garoto ali.

Detto e Giovanni se dirigiam a Catedral, a poucos minutos de caminhada na piazza do Domo, conversando no caminho.

— Mestre Fontana é sábio, mas vê só o lado positivo de algumas coisas. Lorenzo não é esse exemplo de perfeição. Ele gasta mais em festas e mecenato em um único dia do que minha família tem para comer em um ano. Não me parece que um homem nobre deveria viver de forma tão desregrada.

Detto ouvia Giovanni com a mesma atenção. Aprendera a gostar do seu jeito ranzinza e reclamão, mas que percebia rapidamente o óbvio, e muitas vezes é aquilo que está gritando a nossa frente que primeiro esquecemos de enxergar.

– Você não sente saudades de sua casa, Mestre Giovanni?

— Sinto, jovem. É por isso que estou aqui, já lhe disse. E por isso estou indo à igreja.

Detto olhou para Giovanni, com olhos de quem espera um explicação melhor.

— Foi uma promessa que fiz a minha esposa. Quando chegasse aqui eu pediria a Deus para colocar tudo no caminho certo, sabe? Estamos passando dificuldades, e justamente por isso precisei partir.

— Me lembro de você falar do vinhedo de Milão...

Giovanni fez sinal para Detto manter o silêncio, enquanto entravam na gigantesca catedral. Apoiaram o joelho ao chão, no movimento de genuflexão, e Giovanni foi andando a frente, fazendo sinal para Detto sentar-se e esperar.

Detto se sentara em um dos logos bancos de madeira e prestava atenção as obras espalhadas pela Catedral. Chamava sua atenção as gigantescas colunas que delineavam a nave da Catedral, assim como a área do domo interno que protegia e guiava a construção do Domo exterior de alvenaria projetado por Brunelleschi.

Ele acabou por perder-se em apontamentos e desenhos em seu zibaldone, e mal percebeu Giovanni confessar-se, rezar e voltar ao seu encontro.

— Vamos Detto, já podemos voltar.

Giovanni parecia abalado por algum pensamento em sua mente. Detto notou que o homem não estava com a sua caneca de vinho como habitual.

Enquanto voltavam, Giovanni dizia — Sabe, é impressionante. Fontana tem mesmo razão no que fala. É difícil ser um bom homem no seu tempo, ou saber que virtude nos guia. Mas olhando bem, é simples perceber o que a vida nos mostra.

Detto continuou a ouvir o soldado.

— Veja, quando temos um filho, o amamos sem esperar nada dele, ele sequer fez algo para merecer este amor. Então eles crescem e nos negam, às vezes nos dando razão no futuro. Quando a criança erra os pais a repreendem, mas parece doer tanto nos pais quanto na criança.

Detto estava ali, mas Giovanni não parecia falar para Detto, mas para si mesmo.

— Esperamos que nossos filhos cresçam livres e fortes, dispostos a dominar o mundo, mas que depois de suas conquistas voltem aos pais, para contar suas histórias e, livremente nos dar algum amor. Nem sempre as coisas dão certo, mas o que seria da nossa história sem essa liberdade de viver, não é?

— Sobre o que você realmente está falando, Mestre Giovanni?

— A promessa que fiz a minha esposa Annete e meu filho Gian foi cumprida. Cheguei e pedi a Deus para voltar. Mas essas coisas não funcionam assim, não faço a menor ideia se chegarei a Milão. Me basta o soldo recebido, e a certeza de prover para eles. Quer eu viva, quer não.

— Eu nunca conheci meu pai. Disse Detto.

— Somos dois. Nem todo homem percebe a beleza da vida, Detto. Se tem algo que concordo com Fontana, algo que aprendemos juntos em outras histórias que um dia irei lhe contar, é o que o bom, o belo e o verdadeiro estão contidos naquilo que é mais simples. Saber viver o momento mais simples com ar renovado a cada dia não faz do simples complicado, mas é difícil de ser feito.

Giovanni tinha os olhos úmidos, mas desta certamente não era do vinho. Era saudade.

# 18. Lena desaparece

Toli estava esparramada a frente da porta da bodega, roendo algumas sobras. Ela se levantou ao ver Detto e Giovanni se aproximarem, e foi correndo para o rapaz.

Enquanto Detto dava atenção a ela, Giovanni acelerou o passo para saber por que Fontana estava discutindo com as pessoas da taverna, com aquele semblante desesperado. Algo ruim tinha acontecido.

Ele entrou na Bodega e Fontana o viu, pálido e exasperado.

Mestre Fontana tentou falar, primeiro baixinho por perder a voz, sem aquela sua voz típica dos professores. Tomou um copo d´agua e cada segundo deixava Giovanni mais preocupado.

Depois da água mestre Fontana recuperou a voz, e então falou até mais alto que o necessário.

— Lena se foi, e ninguém aqui viu nada que possa nos ajudar.

Eles seguiram Fontana para os quartos acima, subiram as escadas e sentaram-se numa pequena mesa redonda que ficava ali. A mesa estava num vão de entrada, antes do corredor. O corredor contava três portas de cada lado, e uma janela aberta ao fundo, toda área era iluminada por velas e lamparinas.

— Eles deixaram essa carta, provavelmente entraram pela janela que dá acesso aos quartos. — Falou Fontana apontando para a janelo ao final do corredor.

— Eles? Perguntou Giovanni.

— Veja a carta:

*Temos Magdalena di Medici conosco*
*E sem rebuliço ou desaforo,*
*Sem guardas nem desafio,*

*Pagarão 200 Ducados para tê-la convosco*

*Tragam a Maiólica também,*
*E não recuperem uma lira sequer,*
*A carga também perderão,*
*Se desejaram ver novamente esta mulher.*

*Nos encontrem fora da muralha, pela saída norte*
*Onde a antiga árvore de Sicômoro marca o prado*
*No meio tempo entre a hora das bruxas e a hora do diabo*
*Espero contar com vossa sorte,*

*E Magdalena também.*

*A propósito, florins também serão aceitos.*

— Bom, o que devemos fazer, Fontana? — perguntou Giovanni. — Duzentos ducados é muito dinheiro[xxix]. Vamos falar com Lorenzo Il Magnifico, ou quem sabe com o marido dela, Cybo?

— Giovanni, você sabe o que acontece quando homens pobres levam más notícias para seus senhores. Eles nos culpam pelo ocorrido, e vamos acabar enforcados.

— Nem sempre, Nicolò, mas pode ser que haja uma solução mais simples. A gente vai lá encontrar esses merdas e mata quem aparecer.

— E se matarem Lena antes, é como irmos direto para o cadafalso. — respondeu Fontana. Detto se manifestou.

— Não podemos pagar a eles e entregar a Maiólica?

Fontana discordou da sugestão do rapaz.

— Se quisermos viver na prisão, pode ser. Além disso, quem nos emprestaria tamanha quantia ainda hoje? Só um tolo.

— Espere. — Giovanni falou. — E se pedirmos o dinheiro a Antônio? Pense, ele pode nos emprestar só por hoje, então pegamos o dinheiro, a Maiólica e vamos até o local esta noite. Assim vamos ver quem são e quantos são. Pegamos a garota e depois damos cabo deles.

— Tá. — Pensou Fontana — É menos arriscado, e mesmo se não conseguirmos subjugá-los, podemos recuperar o dinheiro depois com o testemunho de Magdalena, mas sem ela não.

Giovanni se levantou da mesa, sua caneca de vinho não estava em lado algum. Antes sua mão segurava o pomo da espada que sempre carregava.

— Vamos falar com Antonio. Detto, você fica aqui.

— Mas não é justo, eu quero ir. Lena é minha amiga.

Fontana olhou para ele, com certa condescendência, ele entendia o coração do rapaz. E disse:

— Eu nunca vou entender a promessa que eu fiz. Ele tem razão, você fica por aqui. Ah, e trouxe algo pra ti.

Ele saiu de rompante, mas antes colocou sobre a mesa um estojo de couro, sem qualquer cerimônia, e partiu.

Que promessa é essa? Detto sabia que o Mestre Fontana nunca lhe escondia nada, mas a realidade estava desconstruindo essa certeza. Anotou em seu zibaldone:

Perguntar que promessa Fontana fez, pra quem, e porque não me contou o que era.

Detto ficou sem entender nada do que acontecia, e se por um lado a revolta de não poder ir lhe instigava.

Por outro a curiosidade sobre o estojo de couro mesmo a sua frente sobre a mesa, no fim, a curiosidade sobre o que era tirou o conflito por uns instantes da sua mente.

Mestre Fontana o conhecia bem, a curiosidade venceu, ao menos por enquanto.

Ele desatou as tiras de couro que se prendiam o estojo, e o desenrolou. Dentro dele estava uma pena de prata, e pequenos potes de vidro tapados a rolha, com nomes a sua frente.

Ele leu os rótulos e eram todas misturas para poder utilizar a pena de prata. Substâncias como giz colorido, chumbo, fuligem, e até ossos de galinha, que quando espalhados em cima do papel, tingindo-os, permitem que a pena se oxide, libera sulfeto de prata, era tão precisa que marca seu traçado ao ponto de quase fincá-lo na folha.

Detto nunca ganhara um presente tão bonito ou valioso como aquele, mas não estava na hora de aproveitar ainda. Ele iria atras deles.

# 19. A EMBOSCADA DA EMBOSCADA

Fontana e Giovanni foram até Antonio e explicaram a situação. Antonio surpreendentemente não exigiu qualquer garantia.

Emprestou o dinheiro por amizade ao Mestre Fontana, emprestou os 200 Ducados, e ainda quis colocar guardas da sua caravana a disposição deles.

Mas Giovanni e Fontana tiveram medo de que isso alertaria os sequestradores, e colocariam a vida de Lena em risco.

Era o que realmente importava.

A Maiólica e o dinheiro seriam reavidos tão logo Magdalena testemunhasse a favor deles, por sua posição de nobreza. Estariam livres de serem julgados como criminosos e caçariam os homens por trás do sequestro.

Giovanni foi na frente avaliar o lugar, enquanto Fontana preparava a carroça e o baú com o dinheiro.

Giovanni partiu sozinho na frente.

Ele rapidamente chegou à saída norte da cidade, era justamente a entrada que tinham usado e sabia onde a árvore de sicômoro estava.

Passou direto pelo portão norte.

O local estava deserto e longe da patrulha dos soltados, as árvores e arbustos cobriam a visão das ameias e da muralha, e raramente passava um ou dois viajantes desavisados.

Ainda faltavam algumas horas para o combinado, a hora das bruxas é a meia-noite, e a hora do Diabo é as três horas da madrugada. — Entre um momento e outro os filhos da puta chegarão aqui.

Giovanni deitou-se entre arbustos e descansou um pouco.

Colocou a mão sobre a barriga e viu que o odre e a caneca estavam lá. Sentia falta da bebida, estava ficando mal habituado, mas não era hora disso, manteria a mente limpa até a noite.

A lua cheia e o céu limpo iluminavam a noite quase tanto quanto um fim de tarde de verão.

Passou o tempo.

Ficou a olhar as estrelas, pensando no que Fontana falou sobre sucesso, lhe bastava o amor dos que amava.

Se pegou surpreso ao perceber que não tinha aquele amor consigo naquele momento, mas cumpriu a promessa feita a sua esposa de ir a Catedral e pedir ajuda a Deus. Ou algo sobre se arrepender de seus pecados.

Sentia saudades do filho, mas estava fazendo o certo por eles. Não sabia se voltaria ou não, mas que agisse como um homem de boa vontade até o fim da sua vida, fazia sentido viver e morrer assim.

Não tinha dívidas. Não devia nada a ninguém. Era somente esperanças num canto qualquer do peito.

Não tinha esse amor ali, mas se considerou um homem de sucesso. Sem saber bem o porquê.

Não tinha o amor de quem amava, mas sabia que merecia esse amor, era isso. Isso bastava porque ele merecia esse amor.

E merecia esse amor porque conseguiu amar primeiro.

## 20. O Encontro

O tempo passou rápido.

Giovanni virou-se de bruços a fim de ver com clareza o que aconteceria.

Viu Fontana chegar com a carroça e esperar perto da árvore.

Mais ao norte, na descida da colina um pequeno grupo chegou, a cavalo. Um dos cavalos trazia duas pessoas, e apenas este cavalo desceu a estrada.

Eles cavalgaram diretamente em direção a Giovanni.

Giovanni se preparou para levantar e atacar a dupla, mas eles se desviaram e passaram rente a seu calcanhar.

Pararam a cerca de vinte passos depois dele

Ambos usavam mantos escuros com capuz cobrindo o corpo e escondendo a face, e na medida que se aproximaram, Giovanni viu que a pessoa a frente era coagida a andar pela pessoa de trás, lentamente.

Estava mais escuro. Ele não conseguia enxergar tão bem quanto antes. Nuvens haviam coberto o céu antes claro, decidiu não atacar ainda.

Um homem empurrava Lena, com as mãos atadas as costas, espetando uma faca na altura dos seus rins. Lena avançava. Eles pararam a trinta passos de Giovanni, e o segundo fez sinal com as mãos ordenando que Fontana se aproximasse. Ele tinha uma tira enrolada a mão, que caiu quando fez o sinal.

Giovanni não acreditou quando viu a mão machucada do jovem. Apenas o dedo anelar estava intacto, e ele conhecia aquela mão e aquele anel.

Ele levantou-se imediatamente, sem delongas nem tentando esconder-se, dizendo:

— Torrigiano, eu sei que é você. Você não quer fazer isso.

Torrigiano puxou Lena e a agarrou com um braço na altura do peito, encostando o punhal na sua garganta.

— Fique onde está, ou ela nem verá esse punhal transpassá-la.

— Garoto, você é jovem. Eu já fui jovem um dia. Às vezes a gente faz besteira nessa idade, mas você não é um assassino.

Torrigiano começou a tremer o punhal, deixando um fio de sangue escorrer do pescoço de Lena.

Giovanni continuo a falar lentamente, enquanto se aproximava com as mãos a mostra.

— Eu conheço gente da sua idade que já desejou matar alguém, e você não é desse jeito. Larga ela e a gente te ajudar a fugir disso tudo.

— Fica aí, vocês não sabem o que eu passo. Só joga o dinheiro e eu solto a garota mais ao norte.

Fontana parecia ter se resignado com a situação, mas aparentava calma por saber que Torrigiano não teria esse tipo de coragem. Disse.

— Certo, o baú com dinheiro está dentro da carroça na parte de trás, junto com a carga. Pegue e deixe Lena conosco.

— Eu a levarei na carroça e a deixarei meia hora ao norte. Tem minha palavra. Deixe apenas eu ver o baú, e tudo estará resolvido. — Disse Torrigiano indo verificar a carga.

Ao se aproximar, abriu o tecido que cobria a carga. Viu o baú e antes que pudesse abri-lo, Detto pulou em seu pescoço com todo impulso do mundo.

Toli mordeu as pernas de Torrigiano, que gritou de dor e largou o punhal.

Nesse momento Lena se afastou. Fontana foi apartar a briga.

Os cavalos, tanto da carroça quanto o de Torrigiano se assustaram, e Lena estava na carroça desgovernada, tentando assumir o controle em direção a colina. Torrigiano chutou Toli para longe.

Giovanni sacou a espada e caminhou na direção da confusão.

Começou a chover torrencialmente.

Detto agarra Torrigiano com força, mas ele acaba mordendo a mão de Detto, que o soltou. Fontana já estava em cima deles, mas Torrigiano pegou o punhal e virou-se para Fontana.

Giovanni se aproximou de Torrigiano e Fontana, mas era um guerreiro experiente o suficiente para ouvir os passos atrás dele. Virou-se mesmo a tempo de aparar um golpe de espada de Livio.

Livio estava vestindo uma armadura de couro batido, carregava o florete desembainhado e um arco nas costas.

Livio e Giovanni começaram um duelo, e Livio não era páreo para Giovanni, certamente.

Mas Torrigiano, num golpe de sorte, apunhala Fontana com toda força na barriga. Detto congelou de pavor ao ver seu mestre apunhalado, enquanto ainda se recuperava da mordida.

Torrigiano solta o punhal, e corre dali. Detto começou a correr atrás dele, mas ao ver mestre Fontana caído, foi em sua direção.

Fontana está caído no chão, mas consciente. Sua camisa está ensopada de sangue. Ele pede a Detto — Estou bem, não foi fatal. Os homens de Antônio logo chegarão para ajudar. Vá atras de Lena pois se algo acontecer melhor que eu morra desse punhal, figlio.

Ele vê Torrigiano correndo para longe, exatamente na direção oposta ao da carroça que levava Lena. Lena foi em direção a Cafaggiolo. A Chuva aperta.

Giovanni apara outros dois golpes de Livio com facilidade, dá um passo atrás.

Ele vê que Detto está indo em direção a colina, e o outro cavaleiro não está mais lá.

Livio investe contra ele uma terceira vez, mas Giovanni apara o terceiro golpe e contra-ataca, dando o mesmo passo, mas na direção de Livio, contra-atacando e perfurando suas entranhas com a espada. Tinha vencido.

Se não fosse pelo maldito arco.

O atacante da colina dispara. Ele vê a fecha trespassando sua barriga rápido demais para os olhos, e sabe que não vai ter muito tempo. A chuva e a escuridão embaçam sua visão.

Por sorte a fecha acertou sua caneca mágica!

Ele correu em direção a colina, mas uma segunda flecha foi atirada. Perfurou seu mesmo braço da cicatriz.

Ainda em fúria, conseguiu ver o atacante. O arqueiro covarde era Case, Giovanni iria matá-lo ali mesmo.

Mas não contava com um Livio ainda vivo. Livio tirara o arco e disparara uma única flecha, perfurando suas costas do lado esquerdo, na altura do coração.

Ele continuou a caminhar, mas seus pulmões se enchiam de sangue a cada passo. Giovanni puxou a espada e atacou Case.

Mas Giovanni já estava lento demais, bastou um passo ao lado para que Case desviasse do golpe, ele acabou caindo ali mesmo.

Viu Case espetar a espada nele, e ainda pode ver Livio caindo de onde estava. Ao menos um dos canalhas covardes havia morrido, pensou.

Case se afastou, e montou em seu cavalo.

Detto se aproximou, mas Giovanni já não conseguia se mover. Ele apenas resmungou, mas Detto pareceu entendê-lo — Diga a Gian e a minha esposa, que eu tentei.

Giovanni não ouvia mais nada nem ninguém. Conseguiu apenas colocar a mão sobre a camisa, onde guardava a caneca, O odre ainda tinha um último gole. Ele bebeu, e morreu ali mesmo.

## 21. Detto procura Lena e a carroça

Estava muito escuro, era muito tarde, chovia muito, e Detto estava perdido.

Giovanni estava morto. Fontana podia estar morto. E ele estava indo atrás de Lena.

Mesmo que Fontana sobrevivesse, sem Lena ele apenas sobreviveria para ser morto pelo sistema.

Detto tinha começado a correr atrás da carroça. Jurava pra si mesmo ter visto as marcas das rodas no chão coberto de lama. Mas cada vez que jurava, tinha mais dúvida do que tinha visto, ou o que tinha acontecido.

Ele falava com Toli, que o acompanhava mesmo na chuva.

— Eu acho que Giovanni morreu, Toli. Morreu mesmo. E se Mestre Fontana morrer? Melhor nem pensar nisso já não sei o que fazer agora, sem ele não faço ideia nem do que tentar ser, sabe?

Sempre fora Fontana a dar-lhe norte na vida, cuidara dele como a filho. Lhe ensinara a ler a escrever, e se Detto virou amigo de Lena, é porque Fontana permitiu que tivessem as mesmas aulas, a mesma cultura.

Para Detto, Fontana era seu pai de verdade. Mesmo que nunca tenha sabido de onde realmente veio.

— Giovanni também era um órfão sabe? Como nós, Toli. Nunca perguntei se ele teve alguém como Fontana para cria-lo.

Estava ficando mais frio, e a tempestade parecia cada vez pior.

Ele chegou até a última curva antes da encruzilhada. Lá estava o caminho íngreme para Cafaggiolo, e o caminho mais lento e sinuoso, mais seguro.

Chovia torrencialmente e decidiu que tomaria o caminho seguro. Demoraria mais tempo, mas Lena deve ter usado esse caminho,

— Toli, vou pegar o caminho mais lento. É o que Fontana gostaria, eu acho.

Ele virou a última curva.

O caminho mais seguro que tomaram quando vieram para Firenze estava inundado, e seria difícil atravessar. Mesmo a pé, quanto mais com uma carroça.

Toli pareceu achar alguma coisa no meio do Breu. Ela encontrou um lagarto como aquele que tinha perseguido quando vieram. O lagarto subiu por uma estreita trilha que subia a montanha.

— É isso, Toli. Obrigado! Detto falou quando percebeu que Toli caminhava no sentido do caminho mais íngreme e mais curto para Villa Cafaggiolo.

Ele começou a seguir Toli, que já perdera o rastro do lagarto, talvez ele tivesse se escondido atrás de alguma das pedras da montanha.

— Toli, vamos voltar para Cafaggiolo. Não é tão longe assim, e quem sabe se contarmos tudo que aconteceu, alguém nos ajude a salvar Mestre Fontana, e encontrar Lena. Vamos!

Ele começou a caminhada cheio de ânimo, mas poucos minutos depois a chuva já tinha o dissuadido a seguir.

Ele se arrastava no estreito disponível, e não encontrava a passagem para o caminho íngreme que levava a Cafaggiolo.

Detto começou a sentir ainda mais frio, suas mangas estavam completamente ensopadas, suas calças já não lhe protegiam do frio, e suas meias e botas pareciam mais sugar a água barrenta em que pisava do que evitar contato com ela, como e usasse um canudinho.

Ele percebeu que seus dedos estavam perdendo qualquer sensibilidade, e seu nariz, normalmente invisível, parecia um pedaço de gelo colado a sua cara.

A muito já havia esquecido da fome, mas ela estava lá. A espreita, sugando qualquer energia que poderia haver no corpo de Detto. Energia que o frio levava.

Ele tombara uma vez, e na segunda vez machucou os joelhos. O caminho era estreito, mas ele achou que conseguia se sentar ali. Não havia nenhum abrigo, mas ao menos não tinha chance de alagar o local ao ponto da água chegar até ele, pois era bem mais alto que o caminho que tomara antes.

Nessa hora, ele ouviu alguns estalos. Parecia que a montanha se movia em direção a ele. Ele já mal sentia o próprio corpo, mas viu que ainda tinha forças para se levantar e sair dali.

Ele o fez, mas não rápido o suficiente. Pedras rolaram do caminho, e uma delas lhe acertou em cheio, o derrubando do caminho.

Detto caiu.

Ele não caiu de tão alto, mas achou que ia perder os sentidos. Percebeu sua visão turvar-se, ia desmaiar.

Ainda percebeu que a queda torceu, talvez tenha quebrado sua perna esquerda. Ele ainda se manteve acordado tempo suficiente para ver que Toli estava ali, e o lambia, como no sonho que tivera a tempos.

Desmaiou com a dor, mas essa mesma dor lhe fazia acordar de tempos em tempos, só para lhe fazer perder os sentidos novamente.

Em uma das vezes que acordou, viu uma figura humana a caminhar em sua direção, ela usava um longo manto com capuz, e carregava uma lanterna de óleo pendurada em pedaço de madeira.

Detto já não pensava direito mesmo, achou que o pedaço de madeira que segurava a lanterna era de fato um grande pincel, mas quem faria isso?

Ele apagou, mas ainda lhe restavam pequenos lapsos de consciência.

Estava sendo carregado, pelo homem de capuz, talvez? Ele não tinha certeza.

Se lembrava do homem ter uma barba branca pontuda, bem grande, repartida em duas pontas. Era tão distinta que não se esqueceu de quando a viu, mesmo depois de totalmente acordado.

O homem o carregou pelo caminho, e numa ribanceira, foi capaz de encontrar uma das cavernas que havia ali. Ele entrou em uma com Detto nas costas, e pareceu que ele usava a lanterna como fonte de calor.

Detto se sentiu terrivelmente bem, sentia que estava seguro ali. Então adormeceu.

## 22. NA CAVERNA

Detto acordou de súbito, gritando — Fontana!

Então lembrou-se onde estava, e viu que uma tala estava amarrada a sua perna machucada. Uma pequena fogueira estava ali, e uma panela com alguma sopa estava aquecida ao lado do fogo.

A caverna era pequena, olhou para fora e viu que a chuva havia parado, embora nuvens deixassem passar pouca luz. Era noite ainda, ou talvez tivesse dormido por mais tempo do que imagina.

No canto mais afastado da caverna estava um senhor, com aquela barba de duas pontas, já de idade avançada, vestido apenas com um único manto de linho claro. Ele tinha alguns sacos apoiados a parede da caverna, e seu lampião repousava próximo a ele.

O velho não parecia tê-lo visto acordar, e usava um grande pincel de com cabo de osso, possivelmente canela de cordeiro, e sua ponta tinha o formato de língua de gato, com cerdas da crina de algum animal fantástico. Era encantador, mas talvez grande demais quando comparado aos que vira no mercado de Firenze, ainda que de relance. Certamente era grandioso.

Ele pintava em pequenos pedaços de pergaminho, provavelmente feito com o couro de algum animal. Detto não conseguia dizer o que estava pintando, mas poderia até mesmo estar escrevendo, tal era o número e a complexidade das pinceladas que o velho dava ao pergaminho.

Detto fez um "uh-hum" com a garganta, para mostrar que estava acordado. O velho não se dignou a olhar para ele, mas hasteou a mão livre, como que pedindo ao rapaz para esperar. Então deu mais algumas pinceladas, olhou o que tinha feito, pousou o pincel virou-se para o rapaz.

— Olá jovem, obrigado!

— Obrigado? Pelo que?

— Por me dar a provação de encontrá-lo, passear por esta terra para curar sua perna e ainda o carregar até aqui. Respondeu o velho.

— Não precisa ser irônico, senhor. Obrigado.

— Não fui irônico, jovem Benedetto. O que será que ensinam aos jovens hoje em dia? — Disse, agora sim com ironia, e continuou.

— Deu-me gigantesca satisfação. E lhe digo que estou aqui apenas por esta noite. Mas poderei lhe conceder três bençãos de Deus, três desejos, se assim preferir chamar, se responder corretamente a uma única pergunta.

Detto achou que o velho estava louco.

Tentou se levantar, mas a perna não deixaria. Ela estava amarrada com uma tala para evitar qualquer movimento, mas não sentia dor.

Tentou mover-se, e o movimento aconteceu com tal naturalidade que parecia não ter se machucado de forma alguma.

Ele se levantou. Sua perna não doía nada, pelo contrário, parecia que estava um pouco mais forte que antes. Deu três pulinhos para confirmar, e realmente parecia ótimo.

— Como sabe meu nome? E minha perna está curada. Na realidade o senhor sabe meu nome completo, mesmo que ninguém me acha assim. Como pode? E quem é você?

— Eu tive tempo para aprender. Ou será que foi tempo nenhum? Difícil determinar agora. — O velho parecia perdido em pensamentos, mas voltou-se novamente para Detto.

— Não te preocupes comigo, mas peço que tente responder à pergunta que te faço. — O que você é?

— O senhor sabe meu nome, mas não me conhece? Eu sou Benedetto di Fontana di Cafaggiolo, oras.

— Não, Benedetto. Essa é a sua identidade, eu já conheço sua identidade.

O velho olhou pra cima e pensou alto: — Não sei por que me coloca nessas situações. E virou-se para Detto: — Eu perguntei O. Que. Você. É.

— Já lhe disse, eu sou Detto. Respondeu o jovem enquanto cerrava a mão e batia no próprio peito.

— Não. Parece que você pensa que você é seu corpo, mas você não é seu corpo, claro que não, se acaso lhe corto os braços, ou mesmo a perna, você é menos humano por isso? Não. Então você não é seu corpo. — Disse o velho de um jeito engraçado. Ele parecia estar prestes a se embaralhar entre as palavras, mas como um equilibrista, sempre que parecia que ia cair, dava um salto para a próxima frase.

O velho levantou uma das sobrancelhas, como que testando a sabedoria do rapaz.

Detto arregalou os olhos e sorriu. — Agora entendi, isso é um enigma. Encontrei um velho maluco que quer brincar de enigmas, enquanto meus amigos morrem ou desaparecem no mundo. Afff.

O velho o olhou pacientemente, aguardando alguma resposta.

Detto pensou por um instante. Quem era o homem mais importante que ele conhecia... Lorenzo di Medici! Ele era o homem mais rico e mais importante de Firenze. Então a resposta deveria ser algo dele.

— Eu sou tudo aquilo que possuo.

O velho continuou a olhá-lo, com certa compassividade.

— Muitos vivem toda a sua vida pensando exatamente isso, eu tenho isso, eu tenho aquilo, eu tenha essa mulher, esse filho, como se fossem posses. É um pensamento abominável achar que você se define pelo que possui, sinceramente.

Detto permitiu se sentir ofendido pela resposta do velho.

— Olha, velho. Eu te agradeço por ter me salvado, e sei que isso parece meio estranho você saber meu nome e tudo mais, mas eu tenho que ajudar as pessoas que estavam comigo, e não quero brincar desse jogo com você.

Ao terminar de falar sua perna voltou a doer, lentamente. Ele começou a mancar.

— Benedetto, ajuste seu Phronema, por favor. Não quero vê-lo sofrer sem necessidade do sofrimento. Apenas responda a pergunta com seu coração. Lhe darei três chances para me dar resposta correta, ou partirei sem lhe conceder os seus desejos.

Detto não entendeu, mas decidiu fazer o que o velho pedia. No momento em que se decidiu sua perna voltou a melhorar.

— Então vamos lá. Eu não sou meu corpo, e não sou o que possuo. — O velho balançava a cabeça com ele — Porque eu posso perder o que eu tenho, então eu sou algo que não posso perder, certo?

O velho balançou com a cabeça em sinal de positivo, e aguardou.

— Antes que eu responda, posso perguntar o que é Phronema?

— Ahh, claro. Phronema é uma palavra usada pelos gregos da minha terra que representa o seu foco de pensamento. Alguns entenderão como propósito, orgulho, outras como arrogância. melhor definição é algo como modo de pensar, sua mentalidade

— Ele começou a divagar, como lembrando de algo, mas retornou e continuou a falar — Ainda vai passar muito tempo, mas um dia as pessoas conhecerão essa definição pela palavra inglesa Mindset.

Detto se lembrava das pessoas que encontrou na viagem, de quem tinha conhecido e o que poderia ser a resposta certa para o enigma. Esse negócio Phronema e Mindset não parecia ajudar em nada.

Lembrou-se de Bramante e de tudo que ele falava sobre a antiguidade, da sabedoria que os antigos possuíam e que Bramante possui.

— Já sei! Eu sou o que eu conheço.

O velho cerrou os olhos e bufou em decepção.

— Não, garoto. Por favor, entenda. As respostas que você me deu não são exatamente erradas, claro que você é seu corpo, e ninguém anda por aí sem a roupa do corpo. É ainda obvio que o que você sabe é parte de você. Mas esse é o problema, não quero uma resposta parcial. Eu quero saber o que você é, o um em todas as partes, uni – verso, quero uma resposta universal, Detto!

Detto pensou um pouco mais, e prestou atenção ao velho.

O homem não disse seu nome, mas vestia um manto de linho, coberto por uma capa vermelha de cores vivas. Tinha uma fronte larga e grandes barbas onduladas, o cabelo ralo e bem penteado e o nariz adunco faziam Detto lembrar daquelas estátuas da antiguidade. Além daquela barba.

Além disso, ele chamou a Grécia de "sua terra", deve ter vindo de lá. Ou se achar algum filósofo qualquer.

Manteve o foco, ou melhor, manteve o Phronema certo.

Lembrou-se da Catedral de Firenze, a maior da sua época. O Domo fantástico e o nome de Brunelleschi logo vieram a mente. Afinal, apenas um grande homem como aquele deixaria um legado tão fantástico.

— Eu sou o que faço, eu sou as minhas obras.

O Velho discordou novamente.

— Agora só tem uma chance, e se errar irei embora. Vou lhe dar uma dica valiosa. Eu sei que está se lembrando de tudo que viveu em Firenze para achar a resposta certa. O caminho é esse, só tem que pensar maior.

— Entenda, eu quero saber o que sua casa é, e você está me listando os cômodos que ela tem.

Detto então se concentrou. Não era o que tinha, nem o que sabia, não era nada que havia feito, então lembrou-se do jogo de Calcio.

O Gigante jogador era o que vinha mais vivo na memória de Detto, mas sabia que a resposta não era seu corpo. Lembrou-se então do mais óbvio de tudo, o que fez o gigante ganhar a partida foi sua família, sua esposa e seus filhos.

Mas essa não era a resposta, pois ele não poderia ser dono de ninguém, pelo que o velho falara.

Então lembrou-se do que isso representa, o amor.

O amor da família do gigante por ele, o lenço da menina a limpar-lhe a fronte e o desafio que ele venceu, movido pelo amor delas.

— Eu sou aquilo que amo. — Desafiou.

O velho olhou para Detto com compaixão, mas respondeu:

— Obrigado por tentar, jovem. Mas você falhou, agora precisarei partir.

## 23. O VELHO QUASE CAI DA RIBANCEIRA

O velho se levantou, como se tudo que tivesse acontecido não importasse nada a ele.

Pegou suas sacas e amarrou-as umas às outras, as levando nos ombros. Segurou o grande pincel de osso e o usou para levantar sua lanterna, então se dirigiu para a saída da pequena caverna.

Detto olhou tudo isso sem entender bem o que estava acontecendo. Então falhara no teste do velho maluco e ele iria mesmo embora, sem dizer nada?

A perna de Detto estava boa e ele se aproximou do senhor.

O velho olhou para ele de cima em baixo, mas com uma expressão serena, complacente com tudo que Detto sentia naquele momento.

Detto se resignou.

Ele estava bem, e não deveria se importar com isso, mas preferiu se aproximar e oferecer alguma ajuda ao velho.

— Tudo bem, não entendi nada do que aconteceu, mas deixe-me descer a montanha com você e poderei lhe ajudar a carregar seus pertences.

Enquanto Detto falava ao homem, ele saiu da caverna, e como se esquecesse que o caminho é estreito e a queda era alta demais, caminhou displicentemente.

O Velho deu um passo, um segundo, e no terceiro tropeçou. Ele soltou o pincel e as sacolas, tentou se equilibrar, mas o tropeço o levou a dar passos largos, justamente andando rapidamente em direção ao abismo. Seu corpo balançou em direção a saída e a queda fatal.

O velho caiu.

Mas Detto não se acuou, estava perto do senhor para oferecer ajuda e conseguiu estar perto o suficiente para saltar com toda a força na direção do velho. Ele agarrou sua túnica com força suficiente para segurá-lo.

O velho então olhou para ele, e Detto achou que ele sorria. Não um sorrisão qualquer, mas o sorriso de alguém que sabe morrer.

O que Detto queria ter dito é que não ia deixar a pessoa que salvou a vida dele morrer. Especialmente de forma tão abrupta e sem sentido, mas preferiu apenas incentivar o velho a subir novamente. E foi o que ele fez.

— Seu velho maluco, não vá cair agora. Estou aqui.

Detto o puxou para cima com força.

— Obrigado por me salvar, jovem Benedetto. Me permitiu ver o que estava em seu coração, e agora sei o que preciso fazer.

O velho falou de maneira tão displicente que mal parecia ter quase morrido um instante antes. Detto reconheceu um pouco de si mesmo ali, talvez o único tipo de loucura que os outros atribuíam a ele.

— Ainda bem que está vivo, mas se eu ganhar mesmo meus desejos, então melhor ainda. Debochou Detto enquanto se esparramava novamente onde estava deitado antes.

O velho se aproximou dele e curvou-se, apoiando-se sobre os joelhos e segurando o pincel de osso em suas mãos.

— Não exatamente. Não terás seus desejos, terás algo mais verdadeiro. Toma este pincel, e desenha três figuras com ele. Sempre que desenhar uma figura, pense exatamente no que desejou, e então verás o que acontece. Ele não precisa de tinta, basta pensar e a cor certa surgirá.

— Certo, penso no que eu quero e desenho uma figura. Não parece difícil.

— Só há uma regra, não deseje mais que três figuras. Obrigado.

O velho levantou-se pegou suas coisas e saiu tão calmamente como apareceu da primeira vez. Foi caminhando para a saída sem olhar para trás, e sem nenhum sinal de receio.

— E agora, sem o pincel, como vai levar a lanterna?

— Com as mãos, claro.

## 24. A PRIMEIRA FIGURA

Detto não sabia o que fazer exatamente. Deveria imaginar primeiro e depois focar no desenho? Ou deveria pensar em todos os desejos de uma vez enquanto pinta?

Ainda mais importante, deveria ceder a toda aquela loucura? Ele poderia facilmente ir embora naquele exato instante. Mas se fizesse isso, teria a chance de voltar?

Decidiu-se pelo primeiro. Pensou que gostaria de ter mais conhecimento que Bramante, mais riqueza que Lorenzo e mais saúde física que o Gigante.

Então começou a desenhar na parede da pequena caverna, não sabia bem que figura fazer então pensou em desenhar um grande lago.

E assim o fez, pegou o pincel e imaginou um grande lago de retas simples. Magicamente foram se formando contornos escuros na parede da pequena caverna, arredondados, copiados da realidade mais que sua própria memória. Estava funcionando, agora a figura...

Ninguém disse que precisa ser uma pessoa, embora ele estivesse inclinado a fazer pequenas pessoas. Era isso, desenharia uma pessoa na borda do lago, só colocaria uns peixes primeiro. Ele não parou para pensar no quão fantástico era o que ele fazia, como que embalado num sonho fantástico das histórias que ouvia quando mais novo.

Desenhou um grande peixe no meio do lado, e fez um daqueles esguichos de baleia que ele tinha visto certa vez no canto de um mapa.

Decidiu que antes de fazer a figura da pessoa, iria pintar o lago de azul.

O velho tinha dito que bastava pensar e a cor certa surgiria. Ele imaginou o lago tão real quando poderia, nas mesmas cores onduladas, cristalinas e variadas do Rio Arno. E começou as pinceladas.

Rapidamente o azul tomou conta do pincel, e do lago. As cores surgiram em tons tão realistas, que mais parecia estar jogando luz numa pintura que já estava ali, escondida na parede e apagada pelo tempo, do que pintando qualquer coisa.

Detto se assustou quando pequenas ondas começaram a tremular no lago, antes que acabasse totalmente de pinta-lo. Pensou que seria bom mudar para tons de verde, dizendo em voz alta:

— O que seria do azul, se todos gostassem de amarelo?

Se surpreendeu ainda mais quando uma voz feminina lhe respondeu.

— Seria o mesmo amarelo. Por que você acha que a cor amarela se importa com o que as pessoas pensam dela?

Detto imediatamente largou o pincel, mas o lago continuou a preencher-se do azul antes imaginado, e ele viu que o peixe crescia e crescia dentro do lago que ele desenhou, como se olhasse por uma janela.

A janela aumentava a cada segundo, ao ponto de que já não era possível distinguir a pintura da parede. Ele deu dois passos para trás, e pode ver que o lago já era tão grande que parecia fazer parte da caverna, como se ela tivesse aumentado de tamanho.

Ele então deu alguns passos à frente. Agora a pequena caverna parecia uma emaranhando de passagens, túneis, estalactites e estalagmites com um enorme lago de águas azuis cristalinas bem ao meio, parecia uma das cavernas das histórias que ouvia.

O peixe crescia a cada onda do lago, e se tornara uma imensa baleia, nadando placidamente. A baleia nadou até ele, e levantando a cabeça, disse na mesma voz suave e encantadora:

— Olá Detto, eu sou a Sabedoria. Trata-me como tua senhora, e serei tua maior serva. Vim lhe ajudar a realizar o que desejou.

Detto duvidou do que estava vendo, mas como duvidar demais dos seus próprios olhos vendo o que via, como podia duvidar dos seus ouvidos ouvindo aquela voz?

Detto acalmou seu coração.

— E como devo chamá-la?

— Já fui chamada de muitos nomes, e muitos nomes ainda me darão. Fui chamada de Saraswati, Atena, Enki, Mimir, Minerva, Acala, Prajña, Chokmah, Mazda e tantos outros. Mas você pode me chamar de Sofia.

— Olá Sofia, sobre o que você vai me ensinar?

## 25. SOFIA

Detto já estava a horas sentado na beira do lago. Tinha colocado os pés descalços dentro da água, e ouvia e conversava com a baleia já com certa naturalidade que não faria nenhum sentido para qualquer um que visse aquela cena.

Sofia, a baleia, já tinha lhe contado histórias de grandes homens e mulheres que tinham percebido a sabedoria, tanto no mundo quanto em si mesmos. Detto estava bombardeando Sofia de perguntas, tendo dificuldade em entender tudo que ela lhe ensinava.

Mas ele se esforçava, com a mesma simplicidade que colocava em tudo que fazia.

— Achei que teria meus desejos para que eu fosse feliz com eles. Ele questionou.

— Exatamente, é o que temos feito até agora. Respondeu Sofia.

— Tá bem. Então o caminho é perceber o mundo e perceber a mim mesmo, certo? Desses filósofos da antiguidade que você falava, qual era o seu favorito?

— Essa não é uma boa pergunta. Respondeu Sofia.

— Eu concordo que não seja. Já entendi que comparações assim não tem propósito, porque todos são únicos e isso os faz especiais, blá, blá blá. Desdenhou Detto por brincadeira.

Sofia riu e respondeu:

— Muito bem, entendi seu propósito. Hipoteticamente, se eu tivesse de escolher um deles, escolheria Aristóteles, com certeza. Vais me perguntar o porquê, não é?

— Você realmente sabe tudo, Sofia.

— Muito bem, escolho Aristóteles porque foi um gigante no tempo dele.

— Escreveu cerca de duzentos livros, mas apenas trinta obras, algumas vezes incompletas chegaram até nós, e mesmo assim influenciam todo o mundo. Prefiro sua constância e sua lógica que os caprichos e vaidades de seu Mestre Platão.

Ela ponderou.

— Mas perceba que Aristóteles não seria Aristóteles sem Platão. Platão era mais exagerado, sabe? Ele acreditava que apenas os filósofos buscavam a verdade. Usar esses rótulos pode ser interessante, mas caracterizar o mundo não te aproxima da verdade. Perceba que qualquer um pode buscar a verdade, e por isso tornar-se um filósofo, mas um outro poderia conhecer todos os filósofos, ser um filósofo profissionalmente, e nunca ter percebido a verdade na sua frente, por nunca ter alimentado a sabedoria com as perguntas certas. Não use rótulos desnecessariamente.

— Pode me dar um exemplo de uma pergunta boa e uma ruim? Pediu Detto.

— Rotular a força da gravidade é importante, pois te permite conhecer como os corpos se movimentam em certas circunstâncias previsíveis. Definir que um país é ruim é desnecessário, pois não há como conhecer todos daquele país, e só te faz esperar coisas ruins de um local que só existe nos mapas, o mundo é um só. Agora deixe-me continuar a contar sobre Platão.

Detto acenou e Sofia continuou a história.

— Platão definiu esse mundo das ideias perfeitas, que só os filósofos conhecem. Ele subjugou a todos, dizendo que homens simples viviam em cavernas, como você vive agora, e tudo que conheciam eram sombras da verdade. Uma fogueira havia nessa caverna e as pessoas só conheciam a sombra que a fogueira projetava. Um filósofo foge da caverna e conhece a luz do sol.

Ela continua.

— Ele achava que a ideia de uma cadeira é mais perfeita que qualquer cadeira que existe. Ele basicamente definiu essa realidade imaginada. Você consegue entender o erro de Platão?

Detto refletiu por um momento. Ele tentou imaginar o que Fontana diria se estivesse ali com ele, mas não conseguiu. Lembrou-se então de Giovanni e disparou:

— A ideia de uma cadeira sempre será mais perfeita que uma cadeira real, mas ninguém se senta na ideia de cadeira.

Sofia gargalhou — Certíssimo. Negar a realidade material, subjugando-a, não é um bom caminho para realmente entendê-la melhor. Perceber e aceitar as infinitas imperfeições da realidade te dará uma ideia melhor de quão perfeita ela realmente é. Ambas se completam e estão entrelaçadas, sabedoria é uma habilidade que te permite fazer pontes entre áreas totalmente adversas uma as outras.

— Mas por que Aristóteles?

— Escolhi Aristóteles porque ele contém a sabedoria de Platão. Platão foi sábio em muitas coisas, mas entre essas coisas, estava a sabedoria daquele que foi o mais sábio de toda a Grécia. Sócrates.

Detto acompanhava suas lições.

— Sócrates teve uma boa vida, especialmente em seu final. Viveu frustrado ao tentar refutar a sabedoria do oráculo de Delfos, que lhe apontava como o mais sábio do seu tempo. Sempre buscando interpretar a frase que estava à frente do oráculo de Delfos: "Conhece-te a Ti mesmo e conhecerás todo o universo e os deuses, porque se o que procuras não achares primeiro dentro de ti mesmo, não acharás em lugar algum".

Detto interpelou a gigantesca amiga:

— Mas se esse é o caminho para ser mais sábio, por que Sócrates se frustrou com a resposta do oráculo? Perguntou Detto.

Ela se aproximou e Detto ouviu em sua cabeça a voz do gigantesco peixe pairado a sua frente.

— Deixe-me experimentar uma coisa. Ao invés de conversarmos sobre isso, vou te permitir ver meus pensamentos como se fossem seus.

— Como assim?

— Te farei saber a história a partir de como eu a percebo, assim tuas perguntas serão perguntas melhores.

Detto cerrou os olhos instintivamente.

Ele viu grandes construções em uma ilha, com pessoas vestindo túnicas, comendo pão, vinho e azeite. Detto sabia que estava vendo a Grécia de antigamente, como Bramante desejaria.

Ele viu um jovem grego visitando o oráculo de Delfos, onde no pronau, a antessala do templo, estava escrito, e Detto curiosamente conseguia ler: gnōthi seauton - Conheça-te a ti mesmo.

O jovem grego pergunta a Pitonisa, a Oráculo, quem é o homem mais sábio da Grécia. Ela responde ao jovem que Sócrates é o maior sábio da Grécia.

Isso o revoltou, ele sabia que não era o mais sábio entre todos.

Então conheceu muitas pessoas, e a cada uma delas fazia toda série de perguntas. Boas perguntas, que lhe direcionavam a ainda melhores perguntas, mas costumavam expor as contradições de cada afirmação de seus amigos.

Cada pessoa lhe respondia no máximo da sua capacidade, a fim de provar serem mais sábios que o próprio Sócrates. E eles realmente eram, em parte. Eles sabiam coisas que Sócrates não sabia, e eles lhe ensinavam.

Mas lhe ensinavam como sabiam, em parte. Ninguém era capaz de sintetizar todas as diferentes visões que Sócrates tinha aprendido com cada uma daquelas pessoas.

A certo ponto, alguns desses questionados ficaram furiosos com a forma que Sócrates questionava e ensinava, a ponto de acreditarem estar pregando o desvio dos jovens.

Ele foi preso por desviar a conduta dos jovens, mas os jovens nunca o confrontaram. Na verdade, foi preso por confrontar a conduta dos mais velhos, trazendo verdades que mais doíam que confortavam.

O condenaram a perder a língua, a ser exilado da Hélade, ou a morrer. Sem a língua ou exilado não teria mais a liberdade de ensinar livremente, a morte era sua única real opção.

E morreu condenado a uma boa morte, descobrindo que era melhor aceitar o sofrimento da vida, e por aceitar o sofrimento libertou-se dele. Detto o viu morrer, sem dívida alguma, material ou emocional, dizendo: — Critão, devemos um galo a Asclépio. Não te esqueças de saldar essa dívida!

Sofia voltou a falar com Detto, que abrira os olhos, saindo de seus pensamentos.

— Começamos percebendo o mundo sensorial, até percebemos a nós mesmos. Então nos esforçamos para conhecer quem somos, e este esforço te faz perceber melhor o mundo. Mas o mundo te desafia a fazer outras perguntas sobre si mesmo. Quando achar alguma nova reposta, vai entender melhor de si, e então sua visão de mundo muda novamente. Este ciclo irá durar quanto tempo for, mais que toda a sua vida. E se fizer isso vezes o suficiente vai saber o tamanho da sua ignorância, e, finalmente, que não há qualquer diferença entre entender o mundo e entender a si mesmo.

— Mas como fazer boas perguntas? Perguntou Detto.

— Ah, essa é uma boa pergunta. Reconheça nitidamente a diferença entre a realidade palpável, sensível, e percebida pelos sentidos, e realidade imaginada, da mente e dos pensamentos. A realidade sensível é infinita, e perguntas sobre ela sempre se traduzem em respostas da física. Elas existem concretamente, e você pode percebê-la com seus sentidos.

Sofia fez um pouco de água flutuar em suas mãos, formando uma pirâmide, e a cada nível da pirâmide ela deu um nome: — Você recebe muitas informações, que te geram algumas opiniões, dessas opiniões algumas sobrevivem, virando convicções. Por fim, aquilo que independe das respostas se tornam crenças, que te guiam prudentemente.

O primeiro nível da pirâmide eram as informações que chegam anos, gerando opiniões no segundo nível, em menor quantidade, elas levam a ainda menores convicções, e por fim pouquíssimas crenças.

— Mas o que te move, Detto, não são informações, nem opiniões, nem convicções, nem mesmo crenças. O que é capaz de mudar toda a humanidade é o seu desejo de responder uma boa pergunta com a verdade.

Então ela apontou para o lago, a base da pirâmide parecia larga, mas comparada ao tamanho do lago era quase nada. Assim também era o total de informações que temos baseado no quanto existe.

— Claro que essas classificações não deixam de ser realidades imaginadas, mas espero que possa entender. Realidades imaginadas também são infinitas, mas são mais abundantes.

— É como se a realidade física fossem os números inteiros, e a realidade imaginada os infinitos números divisíveis e irracionais que existem entre os números inteiros.

— Mas um infinito pode ser maior que outro infinito?[xxx] Perguntou Detto.

— Talvez essa não seja uma boa pergunta por agora. Sofia respondeu enquanto sorria. Deixe-me dizê-lo o que Sócrates percebeu ao longo de toda a vida.

— No fim, ele percebeu a mim. Disse Sofia — Ele buscou conhecimento, e com cada pergunta chegou mais perto da verdade, alimentando sua sabedoria. Ele me alimentou tanto, mas tanto, que me tornei esse peixe gigantesco, senhora das águas.

— Se me colocar em pé, minha altura da ponta da calda até a cabeça é do tamanho da Catedral de Firenze!

E Detto então entendeu: — Mas o que é a maior baleia do mundo, quando comparada a grandeza do oceano desconhecido?

Sofia concluiu:

— Me permita uma última analogia antes de seguirmos em frente. Quero lhe ajudar a responder o desafio que o velho lhe deu.

Ela então entrou na mente de Detto.

Ele começou a ver uma pequena versão de si mesmo bailando pelo ar. Caminhando de ponto em ponto, voltando e desenhando um caminho.

— Para ti, a vida é como um jogo de ligar os pontos, desses de crianças, sabe? O conhecimento é a tua capacidade de enxergar com clareza os pontos que existem para serem ligados. Uns veem os pontos com mais facilidade, outros veem apenas alguns poucos pontos, e não percebem que, comigo, poderiam ver mais.

— Assim como no jogo de crianças, você deve formar uma imagem, mas diferente do jogo, você não sabe exatamente que imagem é esta, até que a tenha concluído. E pra variar e dificultar as coisas, os pontos se movem, e você se move também. Alguns pontos só estão disponíveis por um tempo limitado, são pontos de oportunidades que podem se perder. Outros estarão ali toda a sua vida, até que os consiga ver.

— Que imagem você terá quando ligar todos os pontos que puder?

## 26. CANDELA E MONETA

Detto passou ainda mais tempo ouvindo, conversando e fazendo perguntas a Sofia, mas aquilo estava ficando cansativo para ele.

— Eu achei que teria meus desejos atendidos, Sofia. Não ficar tendo aulas que sequer consigo entender direito.

Se uma baleia desse aulas e ficasse frustrada com isso, ela estaria com a cara e a voz de Sofia agora.

— Calma, Detto. Eu sou apenas o primeiro passo. Agora quero que conheças as minhas netas. Eu mesmo vou desenhá-las, assim terás tudo que precisa para cumprir seu desejo.

Sofia começou a cantarolar uma canção. O ritmo da canção era leve, suave, quase uma canção de ninar.

Sofia mergulhou nas águas e quando retornou, tinha forma humana.

Ela pegou o pincel em suas mãos, enquanto cantarolava a canção de ninar, que ecoava por toda a caverna.

— De todos os poderes que este pincel tem, um deles é mais especial. Ele consegue perceber aquilo que é capaz de marcar a eternidade.

— Existe algo em meu tempo que marcará a eternidade, Sofia?

— Ah, existe sim. Cada minuto presente tem mais que imagina, em algum momento você vai chegar lá. Mas acho que você quer mesmo saber se existe algo que vai reverberar na humanidade sendo feito agora, não é?

Detto assentiu com a cabeça.

— Tem sim. Você já ouviu falar dele. Leonardo. Sócrates perguntava sobre si mesmo, Leonardo Da Vinci pergunta sobre o mundo.

Ela pegou o pincel.

— Eu mesma vou usá-lo agora. Assim conhecerás minhas duas netas, e elas te ensinarão o que precisa saber para atender seus desejos.

Detto parou para ouvir a música, e quando percebeu, duas meninas estavam cada uma em cada margem do lago.

As meninas vieram caminhando em sua direção pelas bordas do grande lago. Eram absolutamente diferentes, mas algo despertava a percepção de Detto. Tinham roupas de cores diferentes, mas de formas iguais. Usavam vestidos simples, e enquanto o vestido de uma era verde com cinta dourada, o vestido da outra era dourado de cinta verde. Tinham o mesmo sorriso, o mesmo olhar, e caminhavam da mesma forma e no mesmo ritmo.

Se isso fosse possível, diria ser duas pessoas iguais, em corpos diferentes, gêmeas que vivem da mesma forma vidas totalmente diferentes.

Elas chegaram perto de Detto, vindo cada uma de um lado do lago, e se apresentaram, em uníssono.

— Olá, nós somos as netas de Sofia. Eu sou Candela.

— E eu sou Moneta.

Candela o convidou para circundar o lago numa breve caminhada, e Moneta andou na direção oposta. Ele não se importou, pois sabia que se encontrariam na outra margem do lago. Sofia acompanhou a conversa.

— Detto, você cuida da sua saúde?

— Como assim, eu deveria cuidar? Eu tenho saúde. Eu sou jovem, acho que ainda tenho vários anos pela frente.

— É o que todos pensam na sua idade, e esse pensamento perdura até que a saúde lhe falte. Você deveria cuidar melhor dela, e cuidar sempre. Como quem cuida de uma muda de flor, apanhada sem propósito algum, guardada no canto da sua casa.

A neta de Sofia caminhava lentamente, e sua irmã estava diametralmente na mesma altura do lago, mas do outro lado, também fazendo sua caminhada. Continuou a falar.

— Como você espera que seja sua vida no final dela, Detto?

— Bom, eu espero ter vivido grandes aventuras, centenas de amores amores, e ter sido feliz, acho que é isso.

— Boa resposta. Imagine agora, que para viver esses amores e aventuras, você precisa cruzar várias cidades, cruzar até mesmo nações inteiras. Você gostaria de viajar assim?

— Com certeza! Eu vivi em Cafaggiolo toda a minha infância, sabe. E mesmo que Mestre Fontana não tenha me faltado com nada, nunca me deixou sair da vila, até agora. E justamente quando eu saio para conhecer minha primeira cidade, tudo parece ter dado um grande nó.

Detto ainda estava consternado com tudo que tinha acontecido, mas o fantástico que via na caverna nublava seu anseio por reclamar.

— E se você pudesse escolher um cavalo para fazer esta viagem, que cavalo seria?

— Ah, escolheria o maior e o mais forte entre todos eles, o mais bonito dos animais, só não perderia o posto de melhor companhia pra Toli. E sorriu para sua amiga canídea, que estava bem ali.

— Certo, então para ir para todo e qualquer lugar iria com este cavalo. E como cuidaria dele?

— Ora, como o melhor cavalo do mundo. Daria água em abundância, cuidaria para que dormisse bem, e seria alimentado com a melhor comida que pudesse, para que me servisse todo dia com alegria. Respondeu Detto.

— Exatamente. E essa sou eu. Seu cavalo é seu corpo. Você não é seu corpo. Parece ser, mas você é bem mais que isso. Ainda assim, viverá toda a sua vida nele, então faça o mesmo que faria ao cavalo por você.

Detto ficou surpreso ao perceber onde Candela o levava a pensar.

— Pois você até poderia conseguir um outro cavalo, mas certamente você não conseguirá outro corpo.

Detto refletiu por um momento, nunca tinha pensado em seu corpo dessa forma. Mas era bem verdade, ele não podia deixar de estar nele, e nunca iria a lugar real algum sem ir em seu corpo. Então deveria cuidar de ter a saúde como um tesouro precioso.

Candela continuou.

— Eu sou uma vela que recebes em seu nascimento. Seu me queimas rápido demais, acabo bem mais cedo.

— É daí que vem seu nome?

— Sim, exatamente. Se tua vela é tua vida, a usaria mais em momentos escuros, mas com parcimônia nos dias claros.

Passaram do meio do caminho em direção a Moneta.

— Cuidar de mim não é difícil. Alimentar-me adequadamente, aparar a parafina que escorrega sem queimar. Essa sorte aprendi com minha irmã, nalgum sacrifico presente que costuma gerar um ganho futuro mais adequado.

— Pena que, mais sensível que minha irmã, basta um vento forte para que a chama se apague. E se, justamente para me proteger do vento, me coloca em uma redoma de vidro, então eu não sou capaz de brilhar.

— É verdade. Fontana me ensinou a apagar o fogo dos fornos fechando a entrada de ar. Curioso, sem ar não há chama, ar demais e a chama se apaga.

— Ah, mas você não é essa chama da vida. Sou apenas teu corpo, não tua verdade.

— Cuida de mim como quem cuida de uma planta, sempre com atenção, mas de maneira despropositada, e te servirei longos anos. É algo, entre outras coisas, que tanto minha irmã como eu temos em comum.

Neste momento, viu-se exatamente na margem oposto a que estava no início da caminhada, e ali estava cruzando Moneta, no sentido contrário.

Moneta o tomou pelo braço, e a menina que saiu da margem certamente não era a mulher que estava ali com ele. Elas continuavam idênticas, mas Moneta havia crescido, enquanto Candela havia minguado ao longo da caminhada.

Ele seguiu Moneta, retornando pelo caminho que viera, enquanto Candela continuou no sentido em que estava.

— Detto, deixe minha irmã seguir em frente, venha comigo.

Detto não se conteve, precisou perguntar:

— Você agora é uma mulher ainda mais bela, maior do que quando começamos a caminhar. O que isso significa? Perguntou já entendendo que era uma lição que estava a receber.

— Bem percebido, Detto. Eu cresço com o tempo, e muitos trocam a saúde de Candela por mim, como você acabou de fazer. Mas lembre-se, você não é o que você tem. Caixões não carregam gavetas, nem ninguém morre com saúde, mas diferente da minha irmã, eu cresço lentamente a cada dia que passa, enquanto minha irmã se esvai. Não posso seguir dessa vida com você, mas o tempo funciona de uma forma diferente para mim, do que para minha irmã.

— Se souber cuidar de mim, de forma despretensiosa, como quem cuida de uma planta, então me verá crescer firme e forte ao teu lado. Muitos homens trabalham para mim toda a sua vida, sem perceber que para me ter, deveriam me pedir para trabalhar para eles.

Ela continuou deixando Detto com uma cara de confusão.

— Deixe-me te explicar melhor. Se queres ser rico, basta juntar riqueza suficiente ao longo da vida, e coloque o que acumula para que haja rendimentos. E esses rendimentos também geram rendimentos, juros gerarão juros, isso vira uma bola de neve que desce a montanha, sem esforço ela se torna gigante. Ao fim de tempo suficiente, me verá trabalhando pra ti, e não o contrário.

— É como plantar figueiras. Se comes todos os figos, acaba por não te sobrar nada, e pode terminar na mão de alguém que tenha figos durante uma colheita ruim. Mas se cuidades de mim, então os figos que te sobram serão investidos em mais figueiras. Quanto mais investires, mais sou eu que trabalho pra ti, e menos trabalha pra mim. Mais figueiras você tem.

Ela fez uma pausa, e já estavam a chegar exatamente onde a caminhada começou.

— Mas se queres ser rico como Lorenzo, então talvez não seja suficiente apenas cuidar de mim, vai precisar resolver os problemas das outras pessoas de tal maneira que poderá fazer grande riqueza, e a colocará ainda mais para trabalhar. Lembra de Antonio, o mercador?

Lembro, claro.

Ele viverá grandes aventuras em Veneza, pois um amigo lhe pedirá dinheiro, e ele emprestará. No final tudo terminará bem, mas a ideia ficará em sua mente, e essa ideia irá viajar entre as pessoas. Infelizmente eu trarei infelicidade ao ser humano, apenas porque ele não me conhece. Mas você agora sabe disso, e, portanto, me conhecerá, não é?

— Eu fico impressionado sobre como vocês me contam coisas sobre o futuro como se fosse o passado. Questionou Detto.

— Sobre o tempo, não te preocupes. Tudo a sua hora. É o nosso jeito de lidar com a eternidade.

Detto não podia deixar de olhar para ela. Era uma mulher perfeita, o vestido dourado e a faixa verde delineavam seu corpo e Detto se sentia seduzido por ela, e nem reparou que já tinham chegado ao ponto de partida novamente.

— Pare de brincar com ele, irmã. — Bradou Candela, Detto sacudiu a cabeça, como quem acorda de um encantamento, e ambas estavam exatamente como quando iniciaram a caminhada, irmãs gêmeas indistintas uma da outra, exceto na aparência.

Sofia, a baleia, finalmente voltou a falar.

— Não ligue para minhas netas, Detto. Elas afetam as pessoas de formas diferentes. Mas se queres realmente entender nossa história, aplica o que aprendeu. Terá saúde e riqueza, as netas da sabedoria, para lhe acompanhar toda a vida. Vamos ver quanto tempo dessas aulas você vai precisar. Tudo já lhe foi passado, mas existe mais aprender até que você realmente compreenda o que estamos dizendo.

Candela falou, de mãos dadas com sua irmã. — Nós não somos quem você é, Detto. Mas junto de Sofia somos algo indispensável para uma vida plena.

Moneta emendou: — Lembre-se, cuida da sua Saúde e da sua Riqueza, e se for sábio o suficiente, então juntas nós três te daremos o bem mais preciso para que possas ser quem você realmente deseja. Cuidar da gente é fácil, lembre-se é como cuidar de uma planta, que cresce e floresce, bela e forte se bem cuidada, mas sempre com atenção despretensiosa, pois podemos te faltar em algum momento, mas quanto mais cuida da gente, menor a chance de lhe faltarmos quando precisar.

Sofia falava de dentro do lago:

— A lição de hoje acaba e resume tudo que precisa. O que eu e minhas netas podemos te dar na vida é apenas um. Você sabe o que é?

As três aguardaram Detto pensar um instante e responder:

— Não faço ideia.

— O que podemos realmente te oferecer é liberdade, Detto. Se tem saúde, riqueza e sabedoria, então será verdadeiramente livre para conhecer o pai e a mãe de minhas netas.

— E só ama verdadeiramente aquele que é livre para não amar. Agora vá e faça mais um desenho.

— Vamos esperar ansiosas, disse Moneta piscando quase sedutoramente um dos olhos a ele.

# 27. O Condottiere

Ainda estava de noite. A luz da lua entrava pela porta da caverna, e se mistura a chama da fogueira ainda acessa.

Detto sabia que ainda tinha dois desejos a fazer. Ele não pensou no que desejava, como fizera antes. Ele foi direto ao ponto.

— Quero construir algo tão grandioso como a Catedral de Firenze, e ser tão conhecido quanto Brunelleschi.

Detto deu algumas boas pinceladas no ar.

Em poucos movimentos, tinha desenhado uma figura humana, parecia uma espécie de soldado. O desenho saiu sem cores vivas, pois Detto havia se esquecido das cores que podia usar. Não fez diferença, porque o desenho era todo em cores metálicas e tons de cinza, salvo detalhes brancos e vermelhos da capa que ele usava. Ele trajava uma cota de malhas, uma daquelas armaduras cobertas de pequenos anéis de metal para aparar golpes de espada.

Ele não precisou completar o desenho para que, lentamente, esse soldado puxasse sua espada e se dirigisse para a entrada da grande caverna, e ali pairasse olhando penhasco.

O Condottiere foi caminhando enquanto Detto via impressionado o corpo do soldado tomando forma. O soldado não esperou estar pronto para sair. Ele simplesmente agiu.

Ele tinha um rosto sisudo, fechado, e seu elmo era pontudo na frente, com contornos em formas de asas ao lado.[xxxi]

Detto se aproximou lentamente, dando cada passo com curiosidade e medo. A curiosidade ordenada quase sempre vence o medo.

— Olá Detto, sei que estou aqui para lhe ensinar a fazer grandes obras. Mas me permita comtemplar o mundo por alguns instantes, não é algo que eu possa fazer a meu bel prazer.

Ele seguiu para fora da Caverna, se sentou na beira do penhasco, com as pernas balançando. A essa altura, já tinha guardado a espada.

— Vamos, sente-se aqui comigo.

Detto se aproximou e não teve coragem para sentar-se ali, sabia que a queda o mataria.

Detto viu a paisagem. O alto penhasco estava à altura de várias grandes e verdejantes árvores, um córrego passava lá embaixo, e do outro lado uma montanha de encosta pedregosa era tão alta quanto do lado Detto estava. Ao longe, a planície se alongava e Detto via as muralhas da cidade, e pensou ter visto o domo da Catedral, embora não tivesse coragem de olhar fixamente a paisagem. Tinha medo de cair.

Mas então o soldado estendeu a mão. Detto reuniu coragem e enfrentou o desafio e o medo.

Sentou-se na borda do penhasco ao lado do homem, dali via o domo da Catedral de Firenze, e mais do que isso.

— Vencer o medo, ter coragem de enfrentá-lo, já uma grande lição. *Os homens, por medo, perseguirão aquilo que mais temem: isto é, eles serão miseráveis para não cair na miséria.* Você pode me chamar de Condottiere. Significa aquele que conduz.

Detto assentiu com a cabeça, mas preferiu manter o silêncio. Soltou a mão dele. A vista lhe agradava, e estava perdido em pensamentos ainda.

— Detto, vais ter de enfrentar batalhas, e as mais importantes serão contra você mesmo. Sabe o domo que desejou construir? Você não vai fazer isso. Mas tuas obras viverão por toda eternidade.

Ele continuou.

— A batalha que a gente realmente vive está na nossa mente. Se você acredita que vai vencer essa luta incessante, ou se acredita que não irá vencer, nos dois casos você está certo.

— Mas não me entenda mal. Não estou dizendo que você altera a realidade sensível. Ela só muda a partir do que você faz. Nós somos lembrados apenas pelo que fazemos, ninguém deste mundo conhece nossos corações ou nossos pensamentos. Então, se quer mesmo ter alguma grande obra realizada, viva bem esta luta contra você mesmo, e ele se desdobrará diante dos seus olhos.

O Condottiere displicentemente virou-se para Detto, mantendo uma das pernas para fora do penhasco, e apoiando a outra no chão. Detto ficou impressionado com a displicência daquele ato de coragem, um vento poderia derrubá-lo, mas ele não vacilava sequer um instante.

Ele continuou a falar.

— A realidade imaginada é linda, move nossos pensamentos e esses movem nossas palavras, mas apenas a ação é capaz de fazer diferença no outro. Até para que Deus nos escute é preciso oração. Eu sou essa ação silenciosa que o mundo precisa, sabe?

Ele continuou a aula. Suas palavras eram pausadas, calmas, mas repletas de um tom forte que mostrava a Detto que aquele papo não seria como os outros.

Ele não parecia ser um homem que fala muito, mas antes coloca muito silêncio entre as palavras.

— Detto, você não é o seu corpo, nem é o que tem, nem é o que sabe. Ele fez uma longa pausa. — Você também não é seus pensamentos, nem é o que sente, nem mesmo é o que você faz. Cuidado para não se aprisionar nessas realidades imaginadas.

— Eu já lutei muitas batalhas, e ainda lutarei outras. De todas apenas uma importa, a que eu estou lutando agora. Lute uma batalha de cada vez, golpe de espada a golpe de espada, aparo de escudo por aparo de escudo, e dê valor a cada instante, porque toda guerra é uma sucessão de batalhas, e por mais óbvio que pareça, toda batalha é uma sucessão de golpes e aparos. Entendeu o que eu disse?

Detto refletiu e respondeu:

— Se queres ser um homem de ação, comece a pintar, e o faça pincelada por pincelada. Todo quadro é essa soma de pinceladas, mas tem mais do que isso na vida, não é? — Detto se lembrou de algo sobre a soma das partes que Bramante havia dito

— Não dá pra saber o gosto do cozido comendo legume a legume.

O Condottiere sorriu, e disse.

— Algo que você precisa aprender a controlar é o tempo.

— Como assim?

— O tempo é o recurso mais importante desse combate, e de todos eles. Para controlar bem seu tempo só precisa de três passos: Escolher o que deve ser feito, definir o que será feito primeiro, ir e fazer. Todo o resto deriva daí.

— Então eu deveria planejar todos os meus passos?

— Não, Detto. O plano em si não tem utilidade, mas planejar continua importante.

Ele fez outra doas suas longas pausas, admirando a paisagem com Detto, ignorando a chance absurda de uma queda fatal.

— Planejar é importante independente do plano porque esse ato é um treino. Você está treinando a sua habilidade de tomar decisões no dia seguinte, no mês seguinte ou no ano seguinte. Você mantém registrado uma lista de atarefas apenas para não as esquecer de fazer no futuro, sem ter de andar repetindo essa lista na sua cabeça o tempo todo e deixando de viver onde você está.

— Isso fez sentido agora. Vivia me perdendo no que eu deveria fazer antes de anotar no zibaldone, agora me basta abri-lo e já sei o que é preciso fazer, sem precisar reordenar meus pensamentos novamente.

— Exatamente. Ambos os conceitos correm simultaneamente. Esteja onde está, mas para isso precisa em alguns momentos ordenar as suas ações futuras.

— Para isso planejamos, mas se esse plano te gera ansiedade, você está passando do ponto. O plano é um treino para o dia seguinte. E planejar é a habilidade de tomar a decisão certa na hora certa. Como desenvolver essa habilidade sem treino algum?

Detto respondeu com as palavras do Condottiere.

— Esteja onde você está. Se está aqui comigo não me perco em pensamentos sobre o que não está aqui. Esteja onde você está e seu presente será melhor.

Ambos assentiram com a cabeça, em silêncio na beira do abismo.

— Por fim, saiba servir. Tão mais alto suba na hierarquia, mais sirva. E terás enfrentado o bom combate e perseverado.

Detto ouviu atentamente, mas sempre deslumbrado com a vista da cidade e seus prados e descampados. Perguntou — Isso deve ser um fardo mais pesado que essa sua armadura. Por que precisamos aceitar o sacrifício de buscarmos alguma virtude?

O Condottiere levantou-se, respondendo.

— Não, Detto. Não pense que ser bom é um fardo. Saber ser bom é ter espaço suficiente para encontrar essa beleza. Por isso vim aqui apreciá-la. Permita-se ver a beleza das coisas, e não ouse acreditar que virtude é apenas sacrifício. Foi isso que eu vim fazer aqui fora, você enfrenta seus medos, persevera, sente o sacrifício, mas é vencê-lo que te permite enxergar toda a beleza dessa vista.

— Não entendi.

— Deixa eu te confessar uma coisa — O Condottiere sorriu — Eu também morro de medo de altura.

Detto riu alto.

Tinha entendido que aceitar e enfrentar esse medo é parte do processo de encontrar belezas escondidas, impossíveis de ver antes desse combate.

— Você conheceu minha mãe, e conheceu minhas filhas. Elas juntas te dão liberdade para moldar a nossa realidade, interferir como mundo e construir algo de valor, sabe? Com essa liberdade, você pode levar a realidade até seu limite.

— E qual o limite da realidade, Condottiere?

— Não faço a menor ideia.

Detto se levantou, naturalmente, mas sem perder o medo, e lá dentro desenhou a terceira figura. Ele já não estava realmente preocupado com seu desejo, mas apenas em conversar com mais uma dessas pessoas mágicas incríveis.

## 28. SENTADOS A MESA

Detto já havia conversado com Parvati por algum tempo.

Parvati era linda, e representava toda aquela família ali reunida.

Ele percebeu que estavam reunidos em família, e Parvati havia confirmado o fato. Sofia era a sábia avó, e suas netas, Candela a saúde, e Moneta a riqueza, as netas que ela amava. O Condottiere era a ação, o trabalho, chamado Marte, ou Frey, o guerreiro protetor que conduz a família. E Parvati era parte Vênus, parte Hera, parte Afrodite, Freya, o amor as pessoas e as relações que você cria com outras pessoas.

Detto não entendia nada dos nomes, mas um desenho ele colocou em seu caderno. Usava a pena de prata no zibaldone que ganhara de Fontana.

Agora estavam todos dispostos na mesa redonda com 7 lugares, e ele tentava esboçar um desenho que capturava sua visão da família.

Fez um círculo com Sofia ao meio, a riqueza e a saúde abaixo, representando o tripé da liberdade, e sobre ele o trabalho e responsabilidade do soldado a direita, e o amor das pessoas em comunhão de Parvati a esquerda.

Era assim que eles estavam dispostos ao longo da mesa, com Sofia como uma senhora já de longa idade. Ela tinha saído do lago como uma espécie de sereia que vira mulher, mas considerando tudo que Detto já tinha visto, não se surpreendia que estive sentado à mesa com eles agora.

O pensar era de Sofia, a Sabedoria. O Agir era do Condottiere, mas o amar, esse amar completo e intuitivo, que faz a vida valer a pena, era de Parvati. Ela conseguia reunir a todos, e todos pareciam bem ao lado dela.

Detto estava esticando as pernas, caminhando em volta do lago, entre esboços de desenhos feitos por si mesmo, sem usar o pincel mágico.

Sofia despontava como a Senhora que conduzia a família, havia algo de matriarcal ali, lhe fez lembrar-se dos ímpetos de Lena. Tão distantes da sabedoria de Sofia, mesmo assim atingiam aos mesmos propósitos.

O Condottiere estava sentado para a refeição. Ele havia coletado e ordenado num canto da parede tudo que Parvati usava para preparar a comida, montado a mesa e preparado o fogo que ela usava.

Candela e Moneta conversavam e brincavam uma com a outra, enquanto Sofia contava alguma história. O Condottiere ouvia a história com atenção, mas parecia estar perdido em algum pensamento. Parvati era a verdadeira estrela ali, ela ia servindo um a um, e quem a via servir percebia sua alegria, e pela alegria que dava parecia receber algo ainda maior.

Ela agia de modo volúvel, pois as vezes contava alguma história engraçada, mas outras ouvia e ria das histórias que contavam. Seu amor era tão natural que era difícil perceber quem cuidava de quem ali.

Parvati tinha ensinado algumas máximas para Detto, mas não muito mais do que isso. Ela dizia que cuidar bem das pessoas era intuitivo. Mesmo aquele que se acha racional é apena alguém que ordena suas emoções, mas continua tão emocional quanto, com o risco de nem se perceber assim.

Detto achava de todos os seus ensinamentos esse o mais curioso. Ela definiu seu desejo como merecer o amor do outro, e que isso seria ápice do sucesso na vida de qualquer um. Repare, merecer o amor não significa ter esse amor.

Ela também lhe ensinou que para desejar amar é aceitar sofrer. Todo aquele que ama sofre pelo seu amado. Seja seu filho, seu marido, seus pais ou o mundo inteiro.

Detto decidiu sentar a mesa enquanto Parvati cozinhava. Toda a família conversava entre si, enquanto Parvati dava atenção a Detto particularmente, enquanto preparava de pé a refeição.

— Como assim, Parvati? Então se eu escolho amar estou escolhendo sofrer também.

— Exatamente. Me mostre uma mãe que ama seu filho e lhe mostrarei uma mulher preocupada. Me dê um pai que ama a esposa e lhe mostrarei um homem atribulado com a satisfação da sua mulher. Aceitar esse sofrimento é amar ainda mais, mas até o amor tem seus limites. Tudo tem um ponto certo.

Detto se perdia na imagem da mulher cozinhando a sua frente, enquanto ela continuava a aula. Supostamente essas aulas dariam tudo que Detto precisava para realizar seus desejos, mas ele não fazia ideia de como.

— Tudo tem ponto certo. Se passar do ponto, o pão queima no forno, o vinho vinagra, o doce fermenta e azeda. Tudo tem um ponto. Se amar demais uma pessoa vai acabar sufocando-a. Passa a perseguir essa pessoa, vivendo por ela e esquecendo de amar a si mesmo.

— Mas porque eu deveria me preocupar comigo mesmo para satisfazer alguém? Perguntou Detto.

— Você só pode dar ao outro o que você mesmo tem. Como amar o outro sem amar a si mesmo na mesma medida, não é?

— Mas esse amor não é material, ele não acaba quando você dá.

— É verdade, você tem razão. Deixa-me colocar o que tentei dizer em outras palavras.

Ela se virou ao fogo que usava para cozinhar ali, e pegou um graveto incandescente, soprou e ele pegou fogo na ponta.

— Com esse graveto eu poderia acender outra fogueira, certo?

— Sim, claro.

— E se eu devolvesse esse graveto para a fogueira original, ambas estariam acessas. Se todos fizessem isso, cada um teria sua fogueira acessa, não é?

Detto assentiu com a cabeça.

— Acho que o amor é assim, como esse fogo. Posso levá-lo a todos, dando luz e calor. Mas preciso manter minha fogueira alimentada, amando a mim mesmo. E que cada um controle sua fogueira, pois o fogo e o amor são indispensáveis a vida, mas se for demais podem destruir como um grande incêndio.

— E quando estamos apaixonados?

— Nenhum fogo nasce sozinho, mas você tá querendo saber mais sobre incêndios que de fogo, né?

Ela tentava responder, mas dava voltas e contava mais histórias. Logo começava a rir uma gargalhada engraçada e gostosa de ouvir.

— Mas por que sofremos, Parvati?

— Não faço a menor ideia de porque é necessário. Melhor perguntar a minha mãe.

Sofia estava a mesa conversando com as netas, mas respondeu de pronto.

— Felicidade é sempre parecida, mas sofrimento cada um teu um motivo diferente para sentir.

Parvati deu uma das suas gostosas gargalhadas, mas Detto não entendeu a graça.

— Qual a graça, Parvati? Detto perguntou meio parvo.

— Então não dá pra saber por que sofremos, mas me lembrei de porque a gente ri.

Detto se lembrou de quando colocou um monte de nozes lambidas na boca, e do que Giovanni falou: — A gente ri porque sofre.

Sofia começou a falar de algum livro que Detto não conseguiu ouvir muito bem. Parvati se voltou a ele.

— É impressionante pensar que somente os seres humanos realmente riem de algo, e que esse riso vem do sofrimento.

— Toda piada é a exposição de alguém ao ridículo e ao sofrimento, até de si mesmo. Todo tombo engraçado que alguém leva provoca o riso. Mas nem todo sofrimento provoca o riso.

— Então pra que serve?

— Ele mostra o ponto certo. E rimos como reflexo da beleza de algum sofrimento torpe. O homem ri porque sofre, e esse riso serve para não levar a vida a sério demais, rindo da própria vaidade e encontrando certa beleza na dor.

Detto deu uma boa mexida nas panelas e o cheiro está maravilhoso.

— Se quer crescer é preciso aceitar essa pressão da vida. Tua saúde e riqueza requerem sacrifício para crescer.

— É difícil de entender, Parvati.

Ela respondeu a Detto com uma pergunta.

– Como explicar para uma semente a grandeza da árvore que ela se torna ao romper a sua própria casca?

Detto se sentia frustrado por não saber onde tudo aquilo levaria.

— Detto, ao fim da caverna tem um saco escondido da luz com alguns cogumelos, pode pegar alguns pra mim?

Detto se levantou e foi atender ao pedido, seguido por Toli, com quem foi reclamando.

É injusto ter que, perante tanta magia, não receber seus desejos, mas vê-los terem de ser compreendidos. Quando ficaria rico e saudável? Quando seria amado por todos e competente para construir qualquer coisa?

Cada vez mais Detto percebia que não dava mesmo para conhecer o gosto do cozido comendo legume a legume.

Ele sentou-se um pouco e fez algumas notas antes de apanhar o saco de cogumelos e voltar à mesa. Tinha tentado anotar o que ensinaram a ele, e sumarizou o que tinha aprendido ali.

*"Sabedoria: Preciso aprender a fazer as perguntas certas. Trate-a como rainha e ela será a melhor serva de todos.*

*Saúde e Riqueza: Cuida delas como quem cuida de flores num jardim escondido. Faça-as florir para ter liberdade.*

*Trabalho: Construa algo bom, belo e verdadeiro com a sua vida. E só constrói quem age objetivamente, na realidade material e não no mundo das ideias. Guia o outro.*

*Pessoas: Só existe amor quando em comunhão, e comunhão significa comer junto. Todos somos emotivos, sinta o que sente o outro, como quem lhe dá a mão, e o guia até o amor."*

*"Não minta, não faça o que não querem que faça a você. Faça aos outros o que você quer que façam a você (esse é difícil)."*

*"Eu não sou o que sei nem o que penso, não sou o meu corpo nem o que tenho, não sou o que falo nem o que faço, e sequer sou quem eu amo. Então quem eu sou?"*

Detto voltou a mesa e entregou os cogumelos.

Parvati destapou a panela e um cheiro de perfeição invadiu a caverna. Candela lambeu os lábios com a língua e Moneta arregalou os olhos ao ponto de perceber suas pupilas saltarem.

Sofia abriu um largo sorriso olhando para a comida, e o Condottiere também sorria, mas olhava para Parvati.

Parvati ria baixinho, olhando a expressão de cada um, enquanto desfolhava lentamente as pequenas folhas de um manjericão recém-cortado.

Toli pulava de um lado para o outro, e antes de qualquer um tinha aqueles olhos juntinhos apontando para cima, implorando inconscientemente um pouco da comida a cozinhar.

Detto nunca vira a calda de Toli girar tão rápido do que quando ganhou, antes de qualquer outro, um pouco da comida que Parvati preparava, e disse.

— Não adianta desejar o mundo inteiro de estômago vazio, rapaz!

Ela havia preparado massa fresca, nem fina nem grossa, temperada com sal granulado e alho frito no azeite. O cheiro do alho se misturava com os tomates longos, avermelhados, ora amassados grosseiramente, ora cortados em gomos que combinavam com as fases da lua.

Em cada prato servido colocava algumas folhas de manjericão que havia desfolhado, e o cheiro ainda impregnava as mãos de Parvati. Ao fim, lançava tiras e raspas de queijo que derretiam lentamente sobre a massa, como se alguns pedacinhos quisessem resistir ao calor, mas sempre acabassem por ceder à tentação de virarem uma coisa só.

Parvati olhou para Detto dizendo, enquanto ouviam:

— Quem vive só por mim não me tem, quem vive pelos meus irmãos também vive por mim. Nunca deixei de ser um presente. Um tesouro estimado, que tanto despertou ciúmes quanto proveu riquezas a quem merece a mim.

O Condottiere sorria ao olhar para ela, e disse:

— Parvati é nosso amor. Tal como o sol, imperioso em seu poder, mas com a suavidade de passar pelos vitrais de uma janela sem os quebrar.

— Sozinha, tenho energia para alimentar a humanidade por toda a sua geração, e uma vida apenas em meu nome basta para muitos corações. — Disse Parvati devolvendo o sorriso recebido pela declaração de Condottiere.

Eles comeram, beberam, conversaram, contaram histórias e piadas, comeram mais um pouco, aconselharam uns aos outros, riram e fizeram rir, e Detto acompanhava tudo aquilo encantado pela que via e ouvia, feliz enquanto comia com a voracidade de um leão enjaulado há umas três semanas.

Depois de alguns pratos a mais, o silêncio se instaurou. Todos olharam para Sofia.

Sofia revirou os olhos, já imaginando o motivo de estarem todos a olhar assim para ela. Ela pulou na água e mergulhou. Quando voltou a superfície já não era aquela senhora, mas novamente o peixe gigantesco que Detto conhecera.

Ela nadava nas águas claras e calmas do lago com uma leveza que só podia ter quem é tão fluido quanto a água. Eles subiram na baleia e ficaram ali descansando enquanto ela também descansava, mas no leve balanço do seu nadar.

Detto olhou para Toli, ela já tinha a cabeça apoiada nas patas e estava também a dormir. Um pensamento veio até Detto. Por que uma das cadeiras continuou vazia?

# 29. Rael

Detto não entendia nenhuma das definições de amor que Parvati lhe ensinou.

Era curioso. Definir o amor parecia impossível, mas era fácil de ser percebido, todos acabavam procurando na vida e mesmo assim ninguém sabia exatamente o que era.

Detto queria seus desejos realizados.

Eles estavam a ensiná-lo tudo que precisaria saber para realizar seus desejos. Ele se surpreendia em começar a acreditar de verdade em tudo que estava acontecendo. Detto pensou que deveria dar um presente para aquela família

Todos dormiam, e ele se sentiu tão feliz que decidiu fazer um presente para eles. Iria preencher aquela cadeira vazia com a figura mais fantástica quer conseguisse desenhar.

Todos dormiam no lago, sobre Sofia, e apenas Toli continuava ali com ele, mas também dormia profundamente.

Detto estava com sono também, talvez fosse melhor dormir e descansar. Já sabia que deveria passar muitos dias ali a aprender tudo que precisava saber. Ainda havia tantas perguntas que ele não fazia ideia de quanto tempo tudo aquilo deveria durar.

Tudo estava tão bem que ele já havia esquecido de Giovanni e Fontana, de Lena e de tudo que acontecera. É engraçado enxergar que o futuro nunca chega, mas ninguém consegue evitar as constantes mudanças do presente. Cedo ou tarde teria de lidar com isso.

Detto decidiu pintar agora mesmo a figura.

Começou a desenhar o corpo. Era uma figura humana, mas ainda não sabia se seria um homem ou uma mulher. Decidiu fazer algo grandioso, e colocou asas como as de um anjo nas costas da figura.

Detto tinha certeza de que a figura iria alegrar ainda mais a família, e ocupar aquela cadeira vazia. Além do mais, talvez ela sim pudesse logo realizar todos os seus desejos de imediato, e não apenas contar histórias.

Pintou.

Os braços dele eram fortes e suas pernas longas. Mas quando chegou no rosto da figura, estava exausto demais. Ele deixou o rosto da figura em branco, pensando que deveria descansar ao menos um pouco antes de terminar o trabalho.

O pincel mágico fez seu papel, e a figura lentamente tomou vida. Parecia que o pincel trabalhava a contragosto, tal era a lentidão que as cores se preenchiam. Detto acabou pegando no sono antes da figura realmente se completar.

Detto estava dormindo quando o desenho se completou e tomou vida.

No início realmente estava tudo lento, como se as gotas de tinta sofressem com cada espaço preenchido, mas quando Detto dormiu aconteceu exatamente o oposto. Elas avançaram por toda a figura, a pintando de muitas cores diferentes ao mesmo tempo, num excesso de tons.

Rael estava ali.

Assim que colocou os pés para fora da parede onde estava, Toli acordou.

Ele parou, abriu suas asas e ficou ali, de asas abertas e mãos na cintura, a aguardar alguma coisa.

Rael percebeu Toli. Mas ele não tinha olhos para vê-la. Era apenas um rosto amorfo, sem boca, sem olhos, sem nariz, apenas os tons todos misturados gerando cor alguma, como se seu rosto fosse capaz de absorver qualquer coisa.

Toli rosnou de leve para ele. A visão da ausência do rosto era aterradora para ela.

Ele percebeu o movimento e seu rosto mimetizou o rosto de Toli. Agora ele tinha um focinho peludo, dentes afiados e sentidos mais aguçados do que qualquer ser humano poderia esperar ou imaginar.

E agora ele podia perceber o mundo com mais clareza.

Ele viu todos a sua volta, então se aproximou de Detto.

Sorrateiramente viu o pincel, e instintivamente sabia o que ele representava. E ele podia de alguma forma perceber que ainda não tinha um rosto. Se aproximou de Detto e estendeu as mãos em direção ao pincel mágico.

Pegaria o pincel e, para começar, pintaria o próprio rosto.

Toli imediatamente rosnou para ele, mas dessa vez Toli não freou seu movimento nem por um instante. Ela o atacou.

O movimento foi tão rápido como habituou, apoiou-se nas patas traseiras e avançou de boca entreaberta, esperando cerrar os dentes com toda a força no braço de Rael.

Ela não teve a menor chance.

Um golpe do punho de Rael, impulsionado pelo movimento conjunto das suas asas bastou para acertá-la precisamente. O golpe lhe atingiu as costelas, que imediatamente fissuraram e rasgaram seu ventre. Ela começou a sangrar copiosamente.

Rael pegou o pincel, mas viu que ele estava totalmente vazio do seu poder. O pincel tinha sido utilizado em excesso. O abandonou ali mesmo e olhou para o animal que tinha atingido.

Rael não sabia o que ele mesmo havia feito, a confusão em sua mente era enorme, mas ele teve uma sensação estranha. Uma sensação que lhe dizia para sair dali, ou seria punido pelo que fez. Ele tinha cruzado algum limite, mesmo sem saber nada do que isso realmente significava.

Todos acordaram abruptamente com o grito de dor de Toli.

E todos viram o macabro homem alado saindo da caverna.

O Condottiere avançou ao buscar persegui-lo e Detto correu para Toli.

Ao ajoelhar-se diante da amiga, suas mãos se cobriram do sangue ainda quente de Toli. Ele não se desesperou, sua dor apenas o impulsionou a agir em silencio. Ou talvez fosse a adrenalina no corpo.

— Seu Tolo! Bradou Sofia sem qualquer cerimônia. — Você tinha que desenhar mais um, não é: Não bastou errar a pergunta do velho, você tinha que descumprir a única regra que ele te deu. Mas é obvio que descumpriria.

— Você não faz ideia do que soltou no mundo, jovem. Me diga, o que foi que você desejou quando o criou? Perguntou Parvati.

— Eu não desejei nada. — Todos se entreolharam, mas Detto viu que precisa explicar melhor — Eu vi que estavam todos tão felizes, estava grato por tudo que me ensinaram. Então eu vi uma cadeira vazia na mesa, e desenhei alguém para ocupá-la.

— Cacete! Candela e Moneta falaram juntas.

Sofia estava vermelha de raiva, um sentimento sábio a ser ter de vez em quando.

— Alguém pediu algo a você? Alguém parecia estar precisando de mais alguma coisa para estar feliz?

— Não. Respondeu um Detto mais sereno e ainda mais simples que o habitual, ele tinha feito algo horrível, mas não sabia exatamente o que.

Todos ouviram o Condottiere chegando à porta da caverna dizendo: — Não há nada que possamos fazer, ele voou penhasco abaixo, se foi.

Parvati se virou para Sofia — Precisamos fazer isso. É a esperança que nos resta. Não será a primeira vez, nem a última, nem a maior. Mas é o que nos cabe agora. Aquela cadeira não era para ele, mas para outro amigo.

Todos se calaram, permitindo apena a Sofia falar.

— Não temos tempo, Detto. Então preste atenção. Você criou uma criatura de excesso. Imagine alguém que detém toda a sabedoria em tal quantidade que a tem em excesso.

— Alguém que nunca erra qualquer golpe, que constrói qualquer coisa.

— Qualquer — frisou o Condottiere.

— Quando existe amor demais, sempre tem algo errado, Detto. Se ama o outro em excessivamente, então vira um obsessor, perseguidor. Se esse amor é por si mesmo, então sua arrogância e egoísmo não tem qualquer limite.

Detto já sabia o que as irmãs falariam: — Saúde e riqueza em excesso. Acertou precisamente. — Exatamente. Imagine alguém que tem força, vitalidade e vida ilimitadas, e ainda pode reunir todas as riquezas do mundo, comprando tudo que seu desejo... Cacete!

Sofia voltou-se a ele.

— Sabemos que não foi por mal, e por isso te confiamos um último sacrifício. Você deve deter Rael como puder.

— O pincel está totalmente descarregado. Ele não é feito para obras em excesso e isso também lhe causou mal. Mas você pode reverter este malfeito. Encontre três obras que marcarão a eternidade, e fazendo o gesto que o velho te ensinou, absorva-as e então poderá usar o pincel para destruir Rael. É sua única chance.

Parvati a interrompeu: — Mas Rael acabará por descobrir isso ele mesmo, e então ele virá atrás de você. Tome cuidado.

Sofia continuou a falar. — Lembra-te do que te ensinei sobre Sócrates, o homem que sabia perguntar de si mesmo?

Detto fez que sim com a cabeça.

— Então saiba que em seu tempo existe um outro homem capaz de fazer todas as perguntas certas, mas sobre o mundo. Sua curiosidade é insaciável. Ele é conhecido como Mestre Leonardo Di Pietro Da Vinci, e você já ouviu falar dele.

Detto apenas ouvia Sofia.

— Agora procure-o e ele será importante para você deter Rael.

Detto sentia os espasmos de Toli enquanto sua vida se esvaia, engasgada e sem respirar.

Parvati se aproximou, falando.

— Não temas, seu triunfo é tão certo quanto a certeza que você conseguir carregar. Apenas siga em frente, não importa o que aconteça.

Todos se reuniram em volta dele e de Toli.

O Condottiere colocou sua espada sobre os ombros do rapaz.

— Não disse tudo que deveria. Esperávamos ter muitos dias ainda. Mas disse o suficiente. Agora você deve partir e agir. A responsabilidade é sua.

— Rael vai primeiro perceber o mundo, mas então perceberá a si, e então verá o mundo novamente. Se não o impedir, ele poderá dominá-lo.

A espada parecia pesar tanto quanto Sofia enquanto baleia. Mas de repente a sentiu leve.

Eles foram lentamente desaparecendo, e quando Candela quase desaparecia, ela sussurrou nos ouvidos de Detto: — Temos um último presente para você.

— Achei que teria meus desejos para que eu fosse feliz com eles.

— Exatamente, é o que temos feito até agora. E respondendo a Detto, se foi.

Então um grande clarão cegou seus olhos por um instante.

A Caverna ainda grande e o lago ainda cheio de água, a fogueira estava ali, mas toda evidência de que as figuras existiam sumira.

Ele mal podia acreditar que tão rápido vieram, tanto se foram. Mas Toli estava ali, lambendo suas mãos e parecia tão bem quanto no dia que saíram de Cafaggiolo.

As únicas provas de que realmente algo acontecera eram duas: O sangue de Toli em suas mãos, e o longo pincel com cabo de osso caído no chão da caverna.

## 30. Voltando para Cafaggiolo

Detto começou a descer a encosta do penhasco, usando aquele caminho estreito até a encruzilhada.

Era uma caminhada de poucas horas, e tinha apenas uma certeza absoluta. Deveria encontrar e destruir Rael, seja lá o que isso realmente significava. Deveria matá-lo?

O caminho serpenteava enquanto descia, e essa certeza absoluta durou incríveis duas horas para sair da sua mente. Olhando pelo lado bom, duas horas de certeza absoluta já era um novo recorde pessoal.

— Não faço a menor ideia do que estou fazendo, Toli. E se tudo isso foi uma alucinação? Talvez eu tenha batido a cabeça forte demais.

Seu coração voltou a realidade cotidiana, toda bagunçada como habitual.

— Eu preciso fazer algo sobre Fontana, ele vai acabar morrendo se eu não o ajudar. E nem sei exatamente quanto tempo passei depois que cai. Ele pode ainda estar precisando de mim em Firenze.

Alguns daqueles lagartos estavam por ali, e ele via a estrada e a encruzilhada que levava a Cafaggiolo.

É isso, Toli. Eu vou seguir o plano. Posso não saber ainda o que houve com Lena, mas se eu voltar a Cafaggiolo, assim aviso a todos o que houve e salvamos o Mestre.

Detto falava para si mesmo, mas parou a comtemplar Toli. Ela não estava caçando os lagartos como habitual. Por um instante parecia estar apenas a observá-los. Atentamente.

Um barulho veio da estrada e Detto se jogou entre um arbusto e uma árvore naquele momento.

A carruagem passou e ele não conseguiu identificar quem era. Mas não devem tê-los visto. Ele voltou à estrada e seguiu para Cafaggiolo, desta vez realmente pegando o caminho íngreme.

A caminhada ocorreu exatamente como esperado, e não encontrou ninguém no caminho.

Ele continuou a subir até que, depois de algumas horas, avistou o topo da colina que levava a Cafaggiolo, e nela estava Donn'Anna, orando certamente.

Quando ela o viu, estendeu suas mãos. Detto ficou na dúvida se ela estava agradecendo alguma prece atendida, ou somente ansiosa por vê-lo, xingando mentalmente o garoto.

Ele não se conteve quando chegou ao topo da colina, abraçou Donn'Anna com força, e aquela senhora em velhos hábitos o abraçou de volta, passando a mão sobre sua cabeça.

— Onde você se meteu, rapaz? Ai ai, você sumiu a mais de uma semana, Detto!

Detto permaneceu em silêncio, sabia que o chamariam de louco, ou de coisa pior, se contasse o que tinha visto.

Imediatamente se lembrou da história da caverna de Platão, e de como os filósofos que veem o sol são tidos todos loucos, mas guardou o pensamento.

— Eu me perdi. — Foi tudo o que conseguiu falar.

— Isso não importa agora. Você sabe onde está Lena, diga que sabe.

— Não, Donn'Anna. Me perdi tentando a encontrar.

— Meu piccolo Detto. Eu pedi a Deus uma saída, e ele me mandou você. Você confia em mim, não confia?

— Claro, Donn'Anna.

— Então vá e encontre Lena. Fontana foi encontrado pelos soldados de Antonio, e todos já sabem o que aconteceu. Ele está acamado, não acorda por nada. Dizem que está em coma, mas não sei o que é isso.

— Mas para onde devo ir?

— Siga os passos dela, jovem. Você precisa entender que se Lena não estiver aqui quando Fontana acordar, então toda a culpa de sua fuga recairá sobre ele, e vão matar Fontana e você também.

— Isso é muito injusto, não tivemos culpa nenhuma.

— Não importa, Detto. O Marido dela precisa colocar a culpa em alguém. É assim que funciona. Mas Deus deve ter um plano maior. Vá e encontre Lena, Ele o guiará. Fontana depende de você, se ele acordar.

Donn'Anna estendeu a ele uma pequena trouxa com alimentos que tinha trazido na caminhada, não era muito mais era o que ela tinha.

— Agora vá, encontre Lena. Quando chegar a Firenze procure Antonio, o mercador, e ele poderá lhe ajudar mais do que eu. Vá com Deus, meu filho.

Donn'Anna deu um beijo em sua bochecha. Um beijo daqueles que alguns sortudos ganham da avó depois de um almoço de domingo. Ele não entendia como, naquele tufão de bosta, ela conseguia fazê-lo se sentir amado.

Detto não chegou a Villa Cafaggiolo, nem mesmo viu a Villa. Agora retornava a Firenze. Iria procurar Lena? Ou Rael? A família de Giovanni? O Mercador? Leonardo? Toli olhava para ele.

Ainda não sabia, mas seguiria em frente. O Mercador já não estava em Firenze. Tinham se passados mais de sete dias desde que saiu de Firenze, ele já teria partido.

— Toli, não sei o que nos espera, mas algo me diz que isso tudo está só começando.

Ele desceu novamente o caminho, sem delongas. Rapidamente chegou de volta a Firenze.

Não sabia realmente o que estava fazendo ali.

— Toli, por que eu tenho que encontrar algo, para que esse algo me leve ao que realmente procuro? Não seria melhor procurar logo Lena, ou Rael. Tenho coisas demais na cabeça, né?

Essas assimetrias da vida só percebemos quando, lembrando tempos depois, percebemos que nossas aparentes escolhas sempre tinham algo de inevitável no momento em que decidimos por elas.

## 31. Firenze Finito

Detto cruzou toda a cidade e foi direto para frente do Palazzo Pitti, mas a caravana de Antonio não estava lá. Já tinham partido.

Detto desatou a caminhar pensando no que faria. Caminhou em direção ao mercado.

— Toli, e agora? Não faço a menor ideia de para onde ir.

Nesse instante achou ter ouvido uma voz dizendo: — Eles estão perto. — Mas não conseguiu achar a dona da voz que ouvira, como se estivesse somente na sua cabeça.

Estavam justamente cruzando a Ponte Vecchio, a cidade estava mais vazia que habitual e apenas uma carroça vinha na direção deles. Antonio e uma mulher forte, corpulenta, estavam à frente da carroça. Detto desatou a correr em sua direção.

— Signore Antonio! — Tão logo ouviu seu nome, Antonio parou a carroça. Mas ao olhar para Detto deixou transparecer algum descontentamento.

— Olá jovem. Como posso ajudar?

Detto tinha um milhão de coisas para tratar com o mercador, mas seu ímpeto só lhe permitiu perceber a preocupação de Antonio e perguntar:

— Salve, Signore. Está tudo bem?

— Espero que sim, não leve a mal minha preocupação. Não é sobre ti. É que estou atrasado para sair da cidade, a caravana já partiu. Estava esperando chegar o cofre que encomendei e...

A mulher lhe interrompeu:

— Jovem, não ligue para este velho veneziano. O que ele quer saber é: Você viu Dentucco por aí na cidade?

— Não que eu tenha reparado. Respondeu Detto.

Antonio parecia desolado com a resposta, olhava para as rédeas nas mãos como se tivesse perdido algo que não conseguia encontrar.

— Algo aconteceu a esse rapaz.

A mulher respondeu a Antonio, com calma.

— Você não tem como saber ainda, mas acalma seu coração, Antonio. Agora vamos saber o que esse rapaz deseja tanto nos contar.

Ela puxou Detto para a carroça. Toli os seguia atrás.

Eles foram andando lentamente e Detto explicou para a mulher, chamada Cleo, que precisava encontrar Lena. Não contou nada de Rael nem o que vira.

Antonio sabia do que acontecera a Fontana e Giovanni, lamentou muito, mas nem por isso deixou de procurar Dentucco.

Ali estava um homem que se importava. Estava realmente preocupado com o rapaz, que desaparecera e nunca se atrasava para a saída da caravana.

Cleo explicou a Detto que estavam indo a Milano. A noite começou a cair e Antonio se decidiu.

— Realmente não posso esperar nem procurar mais. Espero que Dentucco esteja bem, mas se ele não está aqui, então tenho uma vaga para ajudante. Se quer encontrar Lena, então pode ir comigo a Milano e seguir viagem conosco.

Detto assentiu com a cabeça. Ele sabia cuidar de animais, como fazia em Cafaggiolo.

Eles seguiram em passo acelerado até encontrarem a caravana já viajando, ao norte de Firenze, antes do cair da noite.

No caminho Antonio lhe contou detalhes dos soldados que enviara para ajudar na situação de Lena, mas que não iria se envolver demais, pois mercadores que se envolviam com pessoas poderosas como os Medici, acabavam com a cabeça descolada do pescoço, perdiam uma libra de carne, ou penduravam-se em árvores usando o pescoço como apoio.

# 32. Cleo e a viagem a Milano

No segundo dia da viagem, estavam todos reunidos em volta da fogueira.

Eles comiam pequenos espetos de pão e legumes, comprados de fazendeiros do caminho.

Toli estava latindo, querendo chamar a atenção de Detto. Mas ele continuava a ouvir as histórias de Cleo e Antonio, além de contar sua história até aqui.

Detto imitava a voz de Livio de um jeito debochado e engraçado, com a voz afetada e fazendo caretas enquanto falava, mexendo os ombros e gesticulando bastante.

Era uma encenação idiota, e a graça vinha daí.

— Devo reconhecer que ele era um grande homem. — Falou Detto imitando Lívio usando uma voz idiota, em seguida voltou a sua voz pois era ele mesmo a falar na história — Aí eu pensei, esse idiota não enxerga grandeza nem que eu a esfregue na cara dele. Vai achar que alguém tá limpando a boca dele com um babador.

— Calma, Detto. Você não está falando o que aconteceu.

— Livio e Case são o pior que existe na humanidade. São vaidosos, orgulhosos e mentirosos, que sequer deveriam estar vivos. Disse Detto revoltado com a crítica à sua excelente imitação de Livio.

Cleo ponderou por um instante.

— Você pode compartilhar sua experiência com eles, mas não deveria matá-los com as palavras.

— Como não querer que eles morram, Cleo! Eles são os maiores filhos da puta que eu já conheci.

— A mãe deles não tem nada a ver com isso. Debochou Antonio. E Cleo, sem prestar atenção, comentou:

— Você não sabe o lado deles nessa história. Você só está fazendo fofoca.

— Como assim? Você vai defender esses idiotas?

— Claro que não, Detto. Estou lhe mostrando que você está fazendo fofoca, mostrando a intriga, não falando os fatos e compartilhando o que você viveu.

— Como assim?

Cleo continuou: — Você mal se lembra do que eles falaram, mas todas as vezes que pretende me contar, tem que fazer isso usando uma vozinha ridícula pra eles, ao mesmo tempo que se lembra com perfeição e clareza o que você mesmo disse.

Detto aguardou Cleo concluir, mas o que ela disse já o incomodava.

— Me perdoe se pareço exagerada. Mas é que fofoca mata tanto ou mais do que os planos de Livio e Case.

— Fofoca mata? Questionou Detto, deixando pra lá seu incômodo e retornando a sua simplicidade.

— Sim, Detto. Livio estaria vivo se não estivesse gastando tempo com fofocas ao lado de Case. Vou te contar como a fofoca matou minha família.

Detto ouvia, enquanto Toli latia e tentava chamar sua atenção, mas sem sucesso.

— Meu pai era um guerreiro do norte da África, e conheceu minha mãe na Hélade, em uma de suas viagens. Meus pais tiveram dois filhos, eu e meu irmão, enquanto viviam no Egito.

— O Egito era um lugar legal?

— Sim, mas infelizmente meu pai acabou por falecer em uma viagem de navio, enquanto desbravava o desconhecido do mar. Minha mãe se casou novamente, com um soldado de sua cidade.

Detto deu uma boa mordida no espeto, e segurou perguntar mais sobre o pai dela. Não gostava de falar demais sobre os pais das pessoas.

— Minha mãe e meu irmão sentiam saudades um do outro, e conseguiam trocar poucas, mas longas e certas cartas durante a vida, enquanto meu irmão se tornava cada vez mais forte e próspero, entre muitas rotas comerciais.

— Vochê shentia falta do sheu pai? — perguntou Detto de boca cheia, vendo que mesmo sem lhe agradar sempre voltava a esse tema.

— Sentia sim, ao menos na ideia de ter um pai presente. Mas eu era nova demais para realmente lembrar dele, e na medida que os anos passavam eu aprendia a lidar com isso, pelo amor da minha mãe. Durante esses anos, minha mãe sempre falava ao seu novo marido desta saudade, e em como esperava rever o filho algum dia, meu irmão.

Por favor, deixe-me terminar a história.

Seu marido era um soldado que fazia escoltas toda noite na cidade onde viviam.

Após algumas cartas, meu irmão decidiu vê-la novamente.

Navegou e viajou por semanas até que chegasse na cidade de minha mãe.

Quando lá chegou, a noite já tinha caído. E o novo marido de minha mãe estava a serviço das escoltas noturnas.

Foi quando vários viram meu irmão entrar na casa de minha mãe.

E cada um que encontrava o marido de minha mãe avisava a ele que um homem estava a noite em sua casa.

Ele negava, dizendo que sua esposa sempre lhe fora fiel. Mas a dúvida começou a entrar na sua cabeça, toda vez que chegava alguém e confirmava aquilo que começou com boato.

Em certo momento, foi tomado pelos ciúmes, foi até sua casa e encontrou o homem e sua esposa reunidos e abraçados.

Ele não perdeu um segundo, e trespassou os dois com sua lança, apenas para perceber que tinha matado sua esposa, sempre fiel, e o primeiro filho dela, meu irmão. E os matou por absolutamente nada além de ter dado ouvidos a fofoca dos outros.

Detto cuspiu o espeto ao final da história, mesmo estando delicioso. Ele iria fazer algumas perguntas, mas Antonio interrompeu.

— Não ligue para ela, Detto. Ela conta essa história toda vez, e acho que ela nunca sequer conheceu seus pais.

Cleo deu uma gargalhada — Talvez não tenha sido exatamente assim, mas que aconteceu, aconteceu.

## 33. Capitolina 60 e o Dentucco

Detto estava ali, apenas com Cleo e Antonio. Eles ainda comiam, bebiam das histórias de cada um quando Detto ouviu uma voz em sua mente:

— Siga o som. Tem algo que eu preciso lhe mostrar.

Detto levantou-se e deixou os amigos conversando entre si. Tentava ouvir cada farfalhar de folhas a sua volta, mas só ouvia os latidos de Toli. Ele se distanciou o suficiente para responder a voz na sua cabeça sem que ninguém o chamasse de louco.

— Que som eu devo seguir?

— Siga o som da minha voz, seu tolo! — Ele não esperava aquela voz conseguir ser rude, mas ela sabia direitinho.

Ele não ouvia a voz da mulher em lado algum. Ele apenas foi em direção a Toli, seus latidos estavam atrapalhando.

Ele caminhou até uma das carroças da caravana, carregando alguma carga coberta. E ali estava Toli, latindo para a carga, provavelmente tinha algo ali.

— Finalmente. Ele ouviu.

— Toli, fica quieta. Estou tentando ouvir alguém.

Toli ficou quieta, mas Detto não ouviu a mulher lhe chamando. Decidiu olhar o que Toli tinha encontrado.

Na carroça, entre montes de feno e algumas caixas estava um cobertor de linho encardido. Detto puxou o tecido. Seu rosto empalideceu de imediato.

Um corpo estava ali, virado de bruços. Suas pernas estavam retorcidas em uma posição impossível, e não havia qualquer movimento.

Ele se aproximou e virou o corpo.

Ao vira-lo, viu que os músculos do corpo estavam rígidos, e a pele cinzenta, mas não sentiu nenhum odor ruim, como esperava.

O homem estava vestido com vestes simples de couro, e quando Detto viu sua face ficou horrorizado.

O rosto estava completamente desfigurado, especialmente os olhos e nariz. Alguma criatura com garras afiadas lhe atingiu com toda força na cara, arrancando parte do escalpo do rapaz.

Apenas a boca ainda estava ali. Uma boca larga, prognata, com dentes fortes e acavalados. — Dentucco!

Detto sentiu o rosto formigando, e a palidez perdeu seu lugar para o medo. Ele sentiu seu sangue esquentar e começou a suar, com corpo frio.

Colocou a mão no peito para se acalmar, algo que ele fazia sempre para manter-se vivendo o momento do seu jeito, mas seu coração parecia os tambores de um carnaval veneziano qualquer.

— Viu por que você precisava ver isso? Disse a mulher.

— Onde você está?

— Bem aqui na sua frente, e pare com isso de me mandar ficar quieta. Eu falo quando quiser.

Detto percebeu o que tinha acontecido. A voz da mulher não era de uma mulher qualquer, mas de Toli, que estava ali falando — Falando — com ele em sua mente.

— Toli, é mesmo você?

— Claro que sou eu, está vendo mais alguém aqui? Ela mostrou um pouco os dentes, como fazia quando estava mal-humorada.

— Eu estou lhe chamando e ajudando a dias, e você nem me reconhece. Meu nome não é Toli, ao menos não exatamente. Meu nome é Capitolina 60, descendente da fundadora de Roma a dois mil anos atras. Nem se lembra como escolheu meu nome, não é? — Disse rispidamente, mas com a mesma doçura de sempre.

Detto não sabia o que fazer. Tinha acabado de encontrar o corpo do jovem que Antonio procurava, e agora estava falando com Toli e ela respondia de volta.

Então ele levou a mão ao peito novamente, aquele gesto mudava sua disposição. Era a sua forma de manter as coisas simples, e mesmo naquele momento, era o que deveria fazer.

Colocou a mão ao peito e respirou fundo. Fechou os olhos por um segundo, e quando os abriu, era o mesmo Detto de sempre.

— Certo Toli, vamos conversar sobre o que aconteceu com você, mas podemos focar no Dentucco agora?

Toli assentiu e subiu na carroça. Detto agora falava com ela como se ela sempre tivesse falado de volta.

— Ele está morto, mas tem algo que não é natural nisso. Algo mais aconteceu.

— É. Parece que a alma dele deixou o corpo antes mesmo dele morrer. E que quem o matou não gostava do rosto dele.

— Sobre almas eu não sei nada. Mas sobre Dentucco, foi Rael que o matou, não foi?

— Com certeza.

— Precisamos falar alguma coisa a Antonio. Decidiu Detto.

— Não conte sobre Rael, ele não vai acreditar.

Detto cobriu o corpo, abaixou a cabeça alguns segundos antes de se virar e sair da carroça, por respeito.

Quando ele e Toli voltaram para a fogueira, Antonio e Cleo não estavam mais lá

— Vamos contar a ele amanhã de manhã. Nada vai mudar até lá.

Ela e Detto foram dormir em tiras de tecido próximo a fogueira já em brasas, mas ainda quente.

Detto se cobriu com a capa e Toli se aninhou a seus pés. Mas seus olhos não fecharam. Seria uma longa noite.

# 34. Os sonhos ainda não vividos

— Toli... Toli, está acordada? Eu me lembrei o que houve no dia que te chamei de Toli. Eu fiquei falando algumas centenas de nomes, esperando você latir para mostrar que gostou de algum. Agora entendi.

Toli não respondeu ao chamado. Mas ele continuou a pensar, como podia fazer para falar com Toli. Detto iria descobrir mais tarde que falar com Toli funciona como conversar em pensamentos, mas não dá para fazer sem alguma consciência.

— Eu preciso saber o que fazer. Procurar Leonardo, Lena, Rael? Talvez os três. E a família de Giovanni? Não posso descumprir o último pedido do homem. E por que não recebi nenhum dos desejos do velho? Nada disso era o combinado. Eu salvei a vida dele.

— Ele salvou a sua primeiro.

— Ah, então está acordada. Tá bem, mas eu deveria ter recebido os desejos prometidos, e não foi nada disso que aconteceu.

— Ele te desafiou. Você errou as perguntas.

— Mas ele queria saber quem eu sou, na verdade eu não faço mesmo a menor ideia. Eu nem sequer sou um bastardo como mestre Leonardo ou Giovanni, ninguém nunca me assumiu como filho.

— Mestre Fontana te trata como filho.

— Mas não é a mesma coisa. Eu preciso saber de onde eu vim. Eu sei que tenho alguma coisa de especial, Toli. Eu só não sei o que é ainda. Aquele velho não apareceu à toa.

— Disso não tenho a menor dúvida, duvido que muita gente consiga conversar com cachorros.

— Você me entendeu, não precisa de sarcasmo. Eu quero saber quem eu sou, e fazer o que for preciso para ter sabedoria, riqueza e saúde para ser livre. Viver com pessoas fantásticas, fazendo coisas incríveis, sabe?

— E o que você faria com tanta liberdade? — Perguntou Toli.

— Não sei, ainda. Mas sei que preciso dela. Vou descobrir pra que serve quando chegar lá.

Detto parou uns instantes, mas o silêncio de Toli o instigou a fazer mais perguntas.

— O que você faria se estivesse em meu lugar?

— Eu não estou no seu lugar. Essa não é uma boa pergunta.

Detto ficou em silêncio, e Toli viu que tinha exagerado na rispidez, então respondeu ao rapaz.

— Tá bem, Detto. Faz faça um favor a si mesmo, tenta ser feliz no caminho.

— E como você sugere que eu faça isso, sabichona?

— Que tal começar tendo uma boa noite de sono?

Assim começou a história de Detto.

Ele ainda teria a riqueza e a saúde que desejava. E alguma sabedoria.

De como conhecera, Mestre Leonardo, Pacioli, Machiavelli e tantos outros bons, outros não tão bons, e muitos as duas coisas ao mesmo tempo.

Fez coisas incríveis, serviu a reis e rainhas, travou batalhas e defendeu a própria vida e a vida de quem amava mais de uma vez.

Conquistou tudo que precisava para ser livre, e procurou a beleza em três obras que marcaram a eternidade, sem que talvez tenham marcado o próprio tempo.

Enfrentara, matara e morrera com e por Rael.

Buscou a verdade sobre o tempo, justamente quando não tinha mais tempo algum. E descobriu quem ele realmente era.

Assim começou sua história, mas ele não fazia ideia de como iria terminar.

## 35. Epílogo Próximo: Mestre Fontana

— Detto! — Gritou Fontana a acordar. Ele sonhou com o rapaz morrendo no combate novamente.

Nunca reconhecia o quarto onde estava. Os últimos anos que Fontana passou em Cafaggiolo lhe deixaram mal-acostumado.

Depois do combate a ferida infeccionou, acabou tendo febres e decidiram não o levar até a vila. Estava em Firenze.

Já havia dias estava ali, deitado, esperando que alguém lhe contasse exatamente o que tinha acontecido nos últimos dias.

Mas não era falta de gente. Era falta de notícias mesmo.

Ninguém sabia nada de Detto, e se sabiam algo de Lena não lhe contavam, ou melhor, não lhe contavam ainda, com medo do que isso poderia significar para a vida dele.

Não ter notícias de Lena era a morte no cadafalso por um crime que não havia cometido, mas que precisava de um culpado qualquer que estivesse meramente envolvido.

Ao menos Donn' Anna estava lá.

Ela tinha chegado da Vila ontem, atendido a suas feridas ainda abertas, lhe trazido comida e conversado com ele. Ela estava tão ou mais preocupada com a vida de Fontana que ele mesmo.

Todos esses pensamentos lhe passavam pela cabeça quando bateram à porta.

Era Donn' Anna novamente, certeza.

— Entre Donn... — Seu pensamento foi interrompido com a presença de Lorenzo di Medici ali, sem ninguém a acompanhado.

Ele trajava mantos sobre mantos e uma capa vermelho vivo, de bordas douradas. Algo simples que deixava claramente, pela ausência de apetrechos e riqueza do material todo o poder de Lorenzo.

— Olá Fontana. Giovanni morreu. Precisamos resolver um problema.

# 36. Epílogo Distante: Jack

2032 Anno Domini

Jack puxou a corda que liberava a escada do sótão presa ao teto.

Sara havia pedido que ele buscasse uma caixa onde estavam as máscaras de tecido que usavam em 2021. Lisa estava gripava novamente, algo normal para crianças de cinco anos, ele pensava. Era melhor passarem todos a utilizá-las novamente.

Ao menos por um tempo.

Subiu as escadas. Sara gritava algo para as crianças lá embaixo, e ele tinha que encontrar a caixa logo ou chegaria atrasado ao trabalho mais uma vez.

Olhou pelo pequeno vitral do sótão, o frio e a neve em New York não deixavam dúvidas, iria certamente chegar atrasado.

Riu sozinho pensando que seus alunos iriam gostar de seu atraso. Jack ia aplicar um teste surpresa sobre física, mecânica clássica aplicada, e esse atraso ia colocar o cérebro daqueles jovens no modo deadline.

Modo deadline é aquele modo de pensar que seu cérebro entra quando precisa entregar algo e chega o último dia pra entregar.

Ajuda.

Esse pensamento saiu rapidamente da sua cabeça quando achou uma antiga caixa de madeira, dessas que a gente vê em filmes e livros, guardando algum tipo de tesouro perdido.

Mas talvez fosse apenas onde guardara as malditas máscaras.

Ele abriu o baú, por curiosidade. Muita tralha da parte italiana da sua família ainda estava jogada por lá.

Dentro do baú estavam uma série de cadernos pequenos, com capa de couro e uma pequena corda para marcar as folhas. A história que você contou aqui é a história destes cadernos.

A história de Jack e sua morte é outra história.

# Fim da Primeira Historia

# 37. Guia de Personagens

Detto
Lena
Toli
Fontana
Giovanni
Donn'Anna
Livio
Noccio
Furbo
O Gigante
Antonio
Dentucco
Livio
Case
Torrigiano
Michelangelo Buonarroti
Donato Bramante
O Velho
Sofia
Candela
Moneta
Condottiere
Parvati
Rael
Cleo
Lorenzo di Medici
Franceschetto Cybo

Jack

Pessoas referenciadas
Poliziano
Leonardo Da Vinci
Michelozzo
Filippo Brunelleschi
Donatello
Ghirlandaio
Sócrates
Platão
Aristóteles

Locais Referenciados
Vila Medicea di Cafaggiolo
Firenze
Milano
Roma

# SOBRE O AUTOR

Luciano M.S. Varricchio é um escritor de origem brasileira, com formação em áreas tão diversas quanto engenharia, gestão, contabilidade, logística, filosofia e história das ciências.

Começou a escrever esse conjunto de novelas curtas durante a pandemia, pelo medo de não ter como passar essas ideias para seus filhos.

Em seu site, aulas, palestras e redes sociais você pode acompanhar o desenvolvimento deste conjunto de crônicas sobre o tempo, o espaço e o ser. Seus romances sempre são baseados em fatos históricos, misturando ficção e fantasia à realidade sensível, com ideias e curiosidades sobre momentos e pessoas marcantes do passado.

Visite nosso site e receba sempre em primeira mão a continuação dessas histórias;

# 38.Notas

[i] Frase atribuída a L. Da Vinci, mas sem referências.

[ii] Referência para pintar com histórias, típica da Maiólica renascentista, especialmente em Urbino no sex. XVI.

[iii] Lorenzo di Piero de' Medici

[iv] Angelo Ambrogini, apelidado Poliziano (1454 – 1494), poeta que salvou Cozimo e amante da antiguidade.

[v] Nicolò "pelliparius" (? – 1511) – Pai de Guido Fontana e Avô de Orazio Fontana, grandes pintores de Maiólica em Urbino.

[vi] Lorenzo di Medici, Il Magnifico e Duque de Florença em 1490.

[vii] O valor das mercadorias variava bastante devido a oferta e demanda. A moeda corrente era o *Fiorino d'oro,* contendo 3,5 gramas de ouro. Era utilizado por toda a Europa e começava a ser copiado por outros países. Em 1490 estava à beira de ser substituído pelo Ducado Milanês.

[viii] Guido Fontana, filho de Nicolò "pelliparius" (esfolador), e pai de Orazio Fontana, ambos produtores de Maiólica. Nasceram em Castel Durante, como oleiros e comerciantes. Se mudaram para Urbino em 1530´s e Orazio fez fama na época.

[ix] Castel Durante era o nome de Urbania na época. Não confundir com Urbino, cidade onde a família Fontana viveria em 1530´s.

[x] Gian Giacomo Caprotti da Oreno

[xi] Uma comuna que fica a 20km de Firenze, dentro de sua região

[xii] São Tomas de Aquino

[xiii] Esses cadernos se popularizaram a partir da Itália Renascentista, especialmente a partir do séc. XV.

[xiv] A Conspiração Pazzi contra Lorenzo Il Magnifico em

[xv] O domo da Catedral é o maior domo de alvenaria do mundo. A Catedral ainda teria sua fachada construída com mármore apenas no séc. XIX, e a obra que vemos hoje foi concluída apenas em 1903.

[xvi] A data era a virada de ano em Florença, dia da anunciação de Cristo. Ainda não havia a expressão ano novo florentino.

[xvii] Brunelleschi realmente era um ourives e relojoeiro, e não deixou apontamentos sobre o fantástico Domo da Catedral de Santa Maria del Fiore, mas ele continua de pé até hoje, e ainda é o maior domo de alvenaria do mundo.

[xviii] Não havia almoços na época, apenas jantares, tomados mais cedo, e ceias ao final do dia.

[xix] Calcio histórico

[xx] Fato histórico

[xxi] Ponte Vecchio, mas só passou a ser chamada assim após a ponte Nuovo, ao sul em 1327.

[xxii] Trecho inspirado no livro de Giuseppe Conti, Firenze Vecchia (1899)

[xxiii] Os ourives e joalherias só tomariam a ponte após decreto de 1595, válido até hoje.

[xxiv] Lenda da época referida pelo próprio Palazzo Pitti.

[xxv] Donato Bramante, proeminente arquiteto da época. Projetou a Igreja de Santa Maria delle Grazie, e a Basílica de São Pedro.

[xxvi] História registrado por Giorgio Vasari em 1550

[xxvii] Benvenuto Cellini descreve em sua autobiografia (1563) uma conversa com Torrigiano, onde ele descreve o soco dado com essas palavras.

[xxviii] Torrigiano realmente deixou Florença. Michelangelo realmente dará queixa. Torrigiano fugirá de Florença, se tornará soldado na Inglaterra, mas continuará uma vida de excelente escultor servindo a reis e duques, retornará a Florença, mas morrerá numa prisão da Espanha. Ele nunca mais verá Michelangelo.

[xxix] Duzentos ducados valiam 700 gramas de ouro. Algo em torno de quarenta mil dólares hoje.

[xxx] Infinitos maiores que infinitos é uma teoria de Georg Cantor, que deu origem a história do hotel infinito de David Hilbert.

[xxxi] Famoso desenho de L. Da Vinci

www.ingramcontent.com/pod-product-compliance
Lightning Source LLC
Chambersburg PA
CBHW050019170726
48282CB00025B/463
* 9 7 8 6 5 0 0 6 5 0 3 2 7 *